2000社の赤字会社を黒字にした
社長のノート

利益を出すリーダーが必ずやっていること

長谷川和廣

はじめに

いま、現場のリーダー、つまり中間管理職の質が、より問われる時代になりました。

バイタリティ、感性なども当然重要ですが、いまリーダーに求められるのはプロとしての仕事力です。

右肩上がりの時代は、プロのリーダーとしてのスキルがなくても管理職は務まりました。

しかし、グローバル化やITによって競争や変化が激しくなり、先行きがより不透明になるなかで、企業が生きるためには、組織をまとめ、確実に利益をあげるプロのリーダーの存在が不可欠になっています。

そのような人材がいない企業が、変化に対応できずに危うくなっているといっても過言ではありません。

大企業といえども、いつ倒産するかわからない。いつ合併やM＆Aされるかわからないという時代に、現場のリーダーが生き抜いていくためには、プロフェッショナルとしてのスキルや心がまえを身につけることが絶対条件です。

私はこれまでの50年間、ジョンソンやバイエル、ニコン・エシロールなど、グローバル企業7社の経営幹部や

代表取締役という立場で、またときにはコンサルタントという立場で、業績アップや企業再生の仕事を中心に携わってきました。

そして、本社のみならず、内外の子会社、関連会社、協力会社など約2000社の赤字会社の業績を回復させ、黒字化してきました。

その過程で、さまざまな施策を打ってきましたが、そのなかの1つに、現場のリーダーに対する意識改革があります。3カ月程度、現場のリーダーたちと徹底的に向き合い、プロの仕事人、プロのリーダーにするための教育を施したのです。

私が見てきた赤字会社の多くは、まさにダメリーダーの見本市でした。

それでも、教育を通じてわかったことは、ダメリーダーの意識を変えただけで、会社の業績は急速に確実に伸び、たとえ赤字でも黒字の企業に立ち直ることができるということでした。そして、そのリーダーたちも立派な経営幹部へと成長していきました。

この間、私は毎朝1時間ほどの通勤電車のなかで、仕事上やプライベートで相談を受けたこと、仕事のなかで気づいたちょっとしたノウハウ、ひらめき、取引先で起こったトラブルとその解決策などを、実務の日記である

『おやっとノート』（私がつけた名前で、「おやっ」と思ったこと、感じたことを記すノート）に書き連ねてきました。

その記録のなかでいちばん多かったのが中間管理職からの相談事でした。彼らは、とにかく悩んでいました。

そこで、毎日のように彼らとグループディスカッションをしたり、膝詰めで話を聞いたりして、さまざまなアドバイスを行い、その内容をノートに書き溜めていきました。

それを、わかりやすい言葉で、具体的にまとめたのが本書です。

本書は2008年に書いた『社長が求める課長の仕事力』という本を、2017年に出版した『2000社の赤字会社を黒字にした社長のノート』のリーダー編として、いまの時代に合うよう再編集したものです。

再編集にあたり、読み返してみたところ、当時よりも現在のほうが、ビジネスの環境がより厳しく、先行きが不透明になっていることを改めて痛感しました。

それと同時に、「本書の内容、つまり現場のリーダーが経営者から求められていることは、それほど変わらないのではないか」「当時より、いまのほうが本書を必要

としている人が多くいるのではないか」とも感じました。

　なぜなら、本書で紹介しているノウハウや心がまえは、リーダーの基本、原理原則だからです。

　仕事に求められるスピードは年々増しているうえ、ＩＴの普及、人工知能（ＡＩ）の登場などにより、ビジネスを取り巻く環境は激変しています。

　しかし、リーダーに求められる原理原則は変わりません。情報過多でスピードが求められる時代。現場のリーダーたちに不足しているのは、**リーダーとしての仕事の基本をもう一度見つめ直す**ことだと私は考えています。「リーダーとしての仕事の基本」とは、端的に言うと**「利益を生み出すこと」**です。どれだけ真面目に仕事に取り組んでも、どれだけ頑張って売上をあげても、ビジネスでは利益を出さなければ評価されません。

　当たり前のことに聞こえるかもしれませんが、日々の仕事に追われるうち、この基本を忘れてしまったリーダーを、私はこれまでたくさん見てきました。

　ぜひ、あなたには、本書をきっかけにしてプロのリーダーとしてのスキルや心がまえを身につけていただきたいと思います。

　現場のリーダーほどおもしろくてエキサイティングな

立場はありません。

　まず、管理職の立場でいながら現場との接点であるということです。現場がいちばん多くの情報を持っています。会社の改善は、すべて現場の状況・情報に精通していなければ成果は出ません。

　会社がよりよく成長し変化していくときのキーポジションが、現場のリーダーなのです。

　どんなに小さなチームだったとしても、リーダーになったら、自分自身が「ミニ社長」になったつもりで、部下とともに研究し、どんどん改善案を出してください。そして、改善のリーダーになってください。

　社長という立場にいると、できない理由を理路整然と並べる人より、利益を生み出す改善案を提案してくる人が好きだし、信用します。

　真のリーダーへと成長されるための即戦力本として、本書を活用していただければ幸いです。

2018年9月　長谷川　和廣

CONTENTS

はじめに　3

第1章
リーダーが知っておくべきマネジメントの原則

1　「うるさい、細かい、しつこい、横着しない」リーダーになる　16

2　リーダーは、スタッフ1人×4人分の重さを感じてこそ一人前　18

3　判断は正確に、決断はスピード主義で　20

4　不正に精通したうえで、"きれいごと"を貫く　23

5　前任者を乗り越えてこそ本物のリーダー　25

6　部下には、答えを教えずビジネスの視点を教える　27

第2章
リーダーが押さえておきたい利益を生み出す原則

7　「利益＝売上ーコスト」の引き算を叩き込む　32

8　売上よりも利益を意識する　33

9　安いものを安く売るな。良いものを安く売れ！　35

10　高いものより、高く見えるものを高く売る　37

11　価格交渉を有利に進めたいなら、交渉前に、

　　相手の損益分岐点を知ろう　39

CONTENTS

12 適正な価格のつけ方で迷ったときは、会社の方針を優先させる　41

13 競争は負け戦。突入すれば利益は下がる　43

14 利益追求の近道には、大きな落とし穴が潜んでいる　45

15 経費は、売上に影響しないところから削る　47

16 投資を決めるときは、リターンより、リスクから考える　50

17 借金のコツは、金利ではなく、身の丈にあった額　51

18 無借金経営を実現したいなら、お金の回収サイト(期間)を短くせよ　52

第3章
リーダーが考えておきたい売上アップの原則

19 売上とは「社員の頑張り」と、「お客様の支持」の結果　56

20 売上を伸ばすには、製品力・販売力・取引制度の3つの仕組みが重要　57

21 差別化に成功した会社はつぶれない！　61

22 値下げのタイミングを逃せば、誰ひとり買ってくれなくなる　63

23 売れているかどうかは、「返品率」で一目瞭然！　65

24 営業現場では、商品を売ることより、

相手に快くなってもらうことを重視する　66

25 営業トークは、話すより、聞く技術を磨けばうまくなる　68

26 10の特長より、1つの特長を10回説明せよ　70

27 "きちんとお金を払う人"が最優良の顧客だと考えよ　72

28 世の中が"ブレた"ときこそ差別化のチャンス　74

29 市場が広がらなければ、売上は必ず下がる　76

30 自社の「シェア」を把握していないリーダーは言語道断　77

31 「安く仕入れて高く売る」を仕事のベースにする　79

32 儲かる仕組みも、いずれは陳腐化すると心得よ　81

33 弱小企業は、10試合のうち9試合を捨ててしまえ！　83

34 「マーケティング」とはシェアを取るための活動と心得る　84

35 マーケティングは全部門のリーダーに必須の知識　86

36 会社のブランド力には有能な営業マン100人分の力がある　88

37 ブランドには一度のミスも許されない！　91

第4章
リーダーが変えるべき改善の原則

38 生き抜く組織の3つの条件

「売上」「利益」「再投資」の重要性を知っておく　94

39 仕事は少数でやるから精鋭になる　95

40 ダメ組織を生き返らせる抜擢人事のすごい力　97

41 経営理念は、末端の社員まで浸透させるプロセスを重視する　99

42 モラルの低い組織は、生産性も低い　101

43 モノが溢れて生産性が落ちていると感じたら、

オフィススペースを、あえて半分にする　103

11 情報はすべてオープンが原則。唯一の例外は？ 106

第5章
リーダーが知っておくべき人間関係の原則

45 ビジネスの信用は、お金の払い方に比例する 110

46 頼まれたことは、その場ですぐに手をつけろ 112

47 仕事を頼むとき、同時に伝えるべき3つの情報とは？ 113

48 伝え方は、相手のモノサシに合わせて変える 115

49 褒めるときは全体よりピンポイントを 117

50 若い部下への指示は頭から話す 119

51 取引先との関係は、"1対多"で考える 122

52 不利益な情報こそ、真っ先にオープンに！ 124

53 熱意とは、仕事の"準備の量"のことである 126

54 人脈はつくるものではなく、自然にできるもの 128

55 嫌われてもいいから信頼されなさい 130

第6章
リーダーのためのスキルアップの原則

56 売上が下がったら、発想のダメ出しで、自分と部下の頭を鍛える　134

57 情報は、集める前にあたりをつけろ　138

58 一流の人や物と接する回数を増やせ！　142

59 問題発見力を鍛えるには、
　　小さな変化を見逃さず感性を磨くことが大切　144

60 交渉力はデキる上司から盗むもの　147

61 "ツキ"は努力の結果としてやってくる　149

62 リスクを探し出す行為も"プラス思考"と捉える　152

63 数字に強いリーダーは"たかが1円"の重みを知っている　155

64 理論や知識の使い方や見せ方を間違えると嫌われる　158

65 「英語が苦手」という人に伝えたい。
　　ビジネス英語は、それほど難しくない！　160

第7章
リーダー自身のためのキャリアアップの原則

66 給料が1円でも下がる転職は絶対するな！　164

67 給料に不満があるときは、120%の貢献をして、100%のお金を得る　166

68 配置転換や左遷は、再チャレンジへの権利と考えるべき　168

CONTENTS

69 スキルの習得は広くより深く！　まずは専門分野にこだわってみる　170

70 営業の経験がある人は伸びる！

お客様の現場を、肌感覚で経験しよう　172

71 1年で結果を判断するな！　自分の本当の適性は3年後にわかる　173

72 歯車になるな！　モーターになれ！　175

装丁・本文デザイン＝石間　淳

DTP＝野中　賢(株式会社システムタンク)

第1章
リーダーが知っておくべき
マネジメントの原則

ビジネスパーソンは、部下を1人持った時点からリーダーです。

真面目に働いていれば、誰でもチームリーダークラスまでは到達できるでしょう。

しかし、部署、部門、会社を率いるリーダーとなると、話は別。それぞれの段階で高い壁が存在します。

では、真のリーダーとしてステップアップしていける人と、途中で壁に阻まれる人の差はどこにあるのか……。

真のリーダーになるための条件を抜き出してみました。

1
「うるさい、細かい、しつこい、横着しない」リーダーになる

　私がある化学メーカーの販売会議に、コンサルタントとして参加したとき、先方の担当社員が配ったプレゼン資料に、小さな数字の間違いを見つけました。

　議題に影響するほどのミスではなかったので、あとで指摘するつもりでしたが、管理職の1人がそのミスに気づき、会議の流れを止めてまで部下に注意を与えました。

　普通ならば、「細かいところにうるさい上司がいて、社員もかわいそうだ」と考えるのかもしれませんが、私はむしろ、この会社はリーダーに恵まれていることがわかり、業績回復に確信を持ちました。

　「物わかりのいい上司」になることは簡単です。しかし、優秀なデキる上司ほど、「うるさい、細かい、しつこい、横着しない」という厳しさを持つ度胸と、「基本を身につけてしっかり成長してほしい」という愛情を持っているのです。

　リーダーにとって、この4つの性格がなぜ大切なのか。逆を考えれば、すぐにわかります。

　ミスに寛容なリーダーのもとでは、同じミスが繰り返

されます。そこでしつこく確認しなければ、同じミスが何度となく起きる危険性があります。細部をチェックする能力がなければ、やがて大きなミスが必ず起こります。

　また、横着している上司に手抜きを指摘されても、部下は不満を募らせるだけです。まさにこの４つのファクターは、部下をマネジメントするための基本なのです。「現場のリーダーが細かいことにいちばん厳しい」という組織は、成長します。

　たとえば、課長が厳しくしなければ、部長がせざるを得ません。部長がしなければ、役員が……。役員がしなければ、社長が……。社長が厳しくしなければならない組織は未熟な証拠です。

　逆に言えば、自分の上司にラクをさせるために、自分が厳しさを演じられる人になってください。そのキーポジションが現場のリーダーです。

　細かいことにも厳しいけれど慈愛がある母親役と、人として間違ったことをしたときには激怒するけれど大きな夢を与えてくれる父親役。この二役が、リーダーには求められています。

　ときには、上司とのコンビでその効果を上げたいものです。

2
リーダーは、
スタッフ1人×4人分の
重さを感じてこそ一人前

　会社は何のために業績に責任を持つのか。

　最近は「株主価値経営のため」と答える人も少なくないようですが、その風潮には疑問を感じます。

　私はまず、社員満足を優先すべきだと考えています。計画通りの業績を残すのは、会社を存続させて、社員やその家族の生活を守るためです。

　それを実現可能にするために、顧客満足が求められるのです。そのためにもリーダーが、自分のチームの業績に責任を持つのは当然のことです。

　リーダーとして任務を遂行するときは、自分を奮い立たせるために、自分のチームのスタッフ数とその家族数をつねに頭に思い浮かべてほしいものです。

　スタッフ数が15人なら、その1人に家族が4人いるとして60人。それだけの人の生活が自分の手腕にかかっているのだと思うと、とても弱音は吐いていられません。

　そして自分のチームだけではなく、自分の所属している部署全体のスタッフ数まで意識できる余裕と責任感を持てるようになると、部長の器になっていることになる

のです。当然、社長の場合は、それが「全社員の人数×4人」ということになります。

「部下には仕事だけしてもらえれば、プライベートは無関心」といって仕事を教えるだけでは、部下はなかなか育ちません。関心と干渉とは違います。朝、出社したときの姿や顔色ひとつで部下の状態を察することができるようになりたいものです。

「健康状態は？」「お子さんが幼稚園に通い始めた。元気かな？」「母親が要介護になったらしい。睡眠不足になっていないかな？」。これらは仕事とは直接関係ない情報ですが、仕事に影響の出やすい要因でもあります。部下のリアルな生活を知ることで心の架け橋もできます。

　そして、教えるよりも気づくきっかけをつくってあげる。それが次の３つです。

・「成長してほしい」という温かい目。
・「なんでも聞くよ」という大きな耳。
・「黙っているから気づいてくれよ」という小さな口。

　チームの業績が悪化すれば、自分はもちろん部下の評価も下がり、それが部下の家族の生活にも影響していく。
　リーダーにはこのような重責があるのです。

3
判断は正確に、
決断はスピード主義で

　赤字額が20億円ほどある会社の再生をお手伝いしたとき、経営幹部の多くが「ジャッジメント（判断）」と「デシジョン（決断）」の違いを意識していないことに驚きました。

「ジャッジメント」とは、複数の選択肢のなかから最良な方法を論理的に導き出す行為です。

　たとえば、製品のパッケージを決めるとき、デザインAの支持率が60％、デザインBの支持率が30％なら、デザインAのほうが受け入れられるという仮説を導き出す、といったことです。

「デシジョン」とは、検討結果をもとにして、物事の優劣・良し悪しが、どちらにあるのかを選択する行為を意味します。

　先の例で言えば、もし調査の結果、AとBの支持率が同じだったら、優劣を断定できません。この際、どちらを選択するかを決めるのがデシジョンです。

**　ジャッジメントにおいて求められるのは正確さであり、**

そのためには情報収集や検討に時間がかかる場合もあるでしょう。

一方、デシジョンに求められるのはスピードです。時間をかけても判断以上に正解に近づくことはないのだから、あとは決めるだけ。迷うのは時間の無駄なのです。

ところが、この赤字額が20億円ほどもある会社のリーダーたちは、まったく逆のことをしていました。ろくに情報収集もしないで憶測で判断を下して、いざ最終的な決断を迫ると、「もう少し検討させてください」と言って逃げてしまう。その会社が長い間、赤字にあえいでいたのも納得です。

ビジネスに求められるのは、的確なジャッジメントと迅速なデシジョンです。

とくに現場のリーダーがこの２つを混同していると、指示を待っている実働部隊の社員たちは大迷惑です。

決断が遅いから対応が後手に回り、しかも判断が不正確なので失敗もクレームも多くなります。

リーダーシップを発揮してキヤノンの改革を成し遂げた御手洗富士夫名誉会長は私の尊敬する経営者の１人ですが、「熟慮断行（為すべきことをよく考えたうえで思

いきって事を行うこと）」を座右の銘にしているといい
ます。

　御手洗氏の父親は外科医で、手術の前に徹底的な検査
で患部を調べて、いざメスを握ると迅速に処置をするこ
とを心がけていたとか。

　御手洗氏は、その教えをビジネスに活かして成功を収
めたのでしょう。

　**問題を深く分析することもなく、それでいて決断をだ
らだらと先送りするような人は、部下にとって最悪の上
司です。**

　もし自分にその傾向があるようなら、いますぐ、意識
を改めるべきです。

4

不正に精通したうえで、
"きれいごと"を貫く

　利益をあげるために、困難だが社会的に正しい手段と、簡単だが倫理に反する手段があったとします。

　このとき現場のリーダーがどういった対応を取るかで、組織の命運は大きく左右されます。

　好んで不正を働くリーダーが最も危険であるのは当然ですが、**意外に気をつけたいのは、いわゆる清濁併せ呑むタイプのリーダーです。**

　このタイプは、一方できちんとした企業活動を行っているのに、利益のためには仕方がないと割りきって、反倫理的な行為にも手を染めてしまいます。なまじ罪の意識はあるだけに、バレないように隠れて不正を行いますが、発覚したときは後の祭り。正しかった企業活動のほうも影響を受けて、会社を傾かせてしまいます。

　では、清濁の「濁」さえ飲まなければいいのかというと、そう単純な話ではありません。なぜなら本人は正しい手段でビジネスをしていても、相手の不正によって被害を受ける場合があるからです。

たとえば、

・取引先を信じて商品を卸したのに、じつは相手方の計画倒産で、代金をもらう前に逃げられてしまった。
・長年つき合いのあった仕入れ先から、とんでもない不良品をつかまされて、それを販売した自社のほうの信用にまで傷がついた。

といったケースは、けっして珍しくありません。

そう考えると、最も頼れるのは、清濁をよく知ったうえで正しい手段を的確に選べるリーダーでしょう。

ビジネスは"きれいごと"だけではすみません。それをよく理解したうえで対策を打ち、なおかつ自分はきれいごとに徹して、堂々と明るい道を歩く。

リスクを避けるには、それが最も有効です。

5
前任者を乗り越えてこそ本物のリーダー

　ある中堅メーカーの課長から、こんな相談を受けました。
「前任者が部長になり、この課を引き継いだのですが、課員の多くはいまだに前任者の顔色をうかがって、こちらの言うことを素直に聞いてくれません」

　これはけっして珍しい悩みではありません。とくに前任者の業績が良ければ良いほど影響力が色濃く残ってしまう。そのなかでリーダーシップを発揮するのは、たしかに至難の業です。

　たとえば、前任の課長がつくったマニュアルに縛られたり、実績が多少劣っているせいか、自分のカラーを出せなかったり。前任者が優秀であるほど、後任は動きづらくなるものです。
　そこでリーダーシップを発揮するには、あえて前任者が至らなかった点を克服するくらいの強い意識が必要なのです。

トヨタが誇る世界初の量産ハイブリッド車「プリウス」をご存じでしょうか。

　1997年に発表された初代プリウスは、従来のガソリン車と比べて燃費を約2倍に向上させて、環境問題に敏感なユーザー層から支持されました。環境にやさしい量産車をつくるという目的は、見事に達成されたといっていいでしょう。

　初代の評判が良かっただけに、2代目プリウスの開発リーダーは大いに悩んだはずです。2代目での燃費のさらなる向上は当然として、それだけで初代を超えられるのか。

　そこで後任の開発リーダーが下した結論は、初代が切り捨てていた自動車本来のスピードや操作性を追求することでした。

　運転の楽しみを追求した2代目プリウスは、初代を大きく上回るペースで売れ続けて、一般ユーザーにも支持が拡大。現在では4代目になり、2017年には累計1000万台を突破。

　もし、2代目を開発した後任リーダーが、初代の良さを引き継ぐことしか考えていなかったら、プリウスは、いまも「環境問題に関心のある人だけが乗る車」だったに違いありません。

第1章　リーダーが知っておくべきマネジメントの原則

6
部下には、
答えを教えず
ビジネスの視点を教える

　ある医薬品の商社に、部下の指導法が対照的な2人の営業マネージャーがいました。

　Aさんは部下の指導に熱心で、細かいところまで指示を出してサポートするタイプ。

　Bさんも部下と積極的にコミュニケーションを取りますが、具体的な指示はいっさい出さず、考え方のヒントしか与えません。

　Aさんのやり方が親切だと考える人が多いかもしれませんが、**部下を育成するという視点に立てば、正解はB****さんです。**

　Aさんのように具体的な答えを教えると、短期的には成果が出ます。しかし、答えの出し方が身についているわけではないので、状況が変われば、部下に再度、答えを教えなければいけません。

　それでもAさんの目が届くうちはよかったのですが、営業マンを増員したところ、指導が行き渡らなくなり、Aさんの営業所の業績は頭打ちになってしまいました。

27

一方、Ｂさんは"答えを出すための考え方"だけを教えたので、部下が答えを見つけて成果を出すまで時間がかかりました。

**　ただ、答えを出すノウハウを学んだので、環境が変わっても部下は自ら答えを出せます。**

　実際、Ｂさんの営業所は、増員すればするほど業績も伸び、のちに営業所長になるような優秀な営業マンを数多く輩出しました。

　では、答えを出すために必要な考え方とは何でしょうか？

　ひと言で言えば、それは**ビジネスの物の見方**です。

　具体的に言うと、「どんな傾向があるのか」「何が変化したのか」という顕著性と、「その傾向や変化がどんな意味を持つのか」という意味合い。

　この２つの問いをつねに頭のなかに持って物事を眺めることで、問題やその解決方法は見えてきます。

　たとえば、売上が伸び悩んでいる営業マンがいたら、「あのお客様はもっと買ってくれるかもしれないからアプローチしてごらん」と直接的に教えるのではなく、「お客様それぞれの売上を調べれば、何か見えてくるか

もしれないね。売上が減っているお客様がいたら、それはどういう意味だと思う？」というように、その意味を考えさせて、自分で答えを出せるように導いてあげる。

こうした経験を持った部下はほかの問題に対しても、同じように自ら答えを見つけ出すはずです。

つまりリーダーは、成果の出せない部下に対して、**「そもそも何が理解できていないのか。それが理解できない原因は何か」**という原因の原因まで掘り下げて洞察することが求められます。

それさえわかれば、部下が自ら答えを出せるようなヒントを示せるようになり、部下も"自分で気づく"喜びを得られるのです。

第2章
リーダーが押さえておきたい
利益を生み出す原則

ビジネスにおいて、赤字は罪です。
これは私が40年間、言い続けてきたことです。
利益が出ていない企業では、トップから現場の
リーダー、新人社員に至るまで、総じて表情が
暗く、イキイキと働いている人はほとんどいま
せん。
そればかりか、赤字がひどいと取引先やお客様
にしわ寄せがいくこともあります。
赤字でいいことなんて何ひとつないのです。そ
れはわかっていても、簡単に利益を出せないの
がビジネスの難しさでもあります。
では、どうすれば利益を生み出すことができる
のか。
さっそくその疑問に答えていきましょう。

7
「利益=売上−コスト」の引き算を叩き込む

「利益」とはズバリ、売上からコスト（原価、経費）を差し引いた金額です。

この引き算はビジネスの基本であり、誰でも知っていることです。ただ、普段からこの引き算を意識して仕事をしている人は3割いるかいないか。とくに赤字体質が染みついた企業では、9割近くの社員が利益を無視して仕事を進めているのが実態です。

そんな企業の、とくに営業現場のリーダーたちは、売上をつくることだけを意識して、売るためにいくら使っているかという意識に欠けています。逆に、管理部門や生産部門の多くは、売上に貢献することよりも、いかにコストを抑えるかに頭を悩ませています。

組織内の役割分担を考えると致し方ない部分もありますが、これが行き過ぎると、それぞれがたがいに足を引っ張り、組織としてかえって効率が悪くなります。

売上とコストはセットで考え、つねに利益の引き算を頭の片隅において仕事をする。組織の末端にまで、この引き算を意識させることが大切です。

8
売上よりも利益を意識する

　営業マン、とくにリーダークラスの仕事の第一は売上をつくることです。そのため値引きしてでも売上をつくるというケースが少なくありません。しかし、それで本当に利益のあがる仕事を果たしたことになるのでしょうか。数字で検証してみましょう。

　原価60円、定価100円の商品があります。

　この商品を定価のまま10万個売った営業マンAと、2割引の80円で15万個売った営業マンBとでは、どちらが会社に貢献したといえるでしょう?

　売上を比較してみます。Aは100円×10万個で1000万円。Bは80円×15万個で1200万円。売上はBのほうが200万円多くなります。

　売上至上主義で考えれば、評価されるべきはBの営業マンです。しかし、実際に会社が評価するのはAの営業マン。**なぜなら、売上が少なくても、より多くの利益をあげているのはAだからです。**

　Aは1個につき40円の利益があるので、10万個で400万円の利益です。一方、Bは1個につき20円の利益なの

で、15万個なら300万円の利益。Aは売上でBに200万円及ばなかったものの、逆に利益ではBを100万円上回っています。

そもそも営業マンが売上をつくるのは何のためか。

それは、売上のなかから利益をつくるためです。

そう考えると、営業マンが優先すべきは売上より利益であり、売上をつくるために利益を減らすのは本末転倒の行為であることに気がつくはずです。

売上至上主義の営業マンは、しばしばこの罠に陥り、安易な値引きをして売上をつくろうとします。

値引き前より利益額が増すほど売上を増やせるのなら問題ありませんが、売上至上主義の営業マンの多くは、自分の売上ノルマを達成した時点で満足して、それ以上売るのをやめてしまいます。

その結果、人より多く売っているはずなのに、会社に貢献していない営業マンという烙印を押されるのです。

新商品の発売時に商品を市場に浸透させるために値引きをしたり、ライバルからシェアを奪うために利益を度外視して売上を伸ばす戦略もあります。しかし、それらはどちらかというとイレギュラーなケース。

営業マンは、基本的に利益を意識しながら売上をつくることを心がけるべきです。

第2章 リーダーが押さえておきたい利益を生み出す原則

9
安いものを安く売るな。良いものを安く売れ!

　単価の安い商品を売るときは、品質を犠牲にしてでも低コストで製品をつくり、利益をあげる。一見理に適っているようですが、じつはこの戦略は危険。

　安いものを安く売っても、結局は利益にならないのです。

　単価が安い商品は、数を売らないと利益を確保できません。しかし、安いものが安く売られているのは、いまの時代、当たり前のことで、お客様は安価というだけで簡単に商品に手を伸ばしてはくれません。

　そのため数を売るのも難しく、結果的に「薄利多売」ならぬ「薄利少売」になり、利益を確保できなくなります。

「コスパ」という言葉が浸透したことからもわかるように、お客様の購買意欲をかき立てるのは、安いだけでなく、お得感のある商品です。

　品質が良いから本来は高く売れるのに、なぜか安く売られている。お客様はそんな商品に驚き、興味を示します。そこではじめて利益を積み上げられるほどの数が売

35

れます。

　もちろん良いものを安く売るといっても、原価を割らないことが絶対の条件です。そのためにはさまざまな企業努力が必要になります。

　たとえば、ユニクロはいち早く中国や東南アジアで生産し、いまやアフリカにまで手を伸ばして製造コストを下げる努力をしています。同時に、機能繊維を取り入れたり、有名デザイナーとコラボしたりして、顧客の求める機能、デザインという付加価値を商品に加えています。

　継続的にマーケティング手法を駆使しながら、良い製品を安く販売すると同時に、収益力に優れるビジネスモデルを追求しているのです。

　いずれも仕組みをつくり上げるのは大変ですが、このように工夫しだいで良いものを安く売ることは可能です。**「安ければ売れる」と安易に考えてビジネスを展開すると、売れもしないし、利益も出ないという最悪の事態を招きます。**

　単価の安い商品を売るときは、まず品質を担保したうえで、いかに安くできるかに腐心すべきです。

第2章　リーダーが押さえておきたい利益を生み出す原則

10
高いものより、
高く見えるものを高く売る

　単価が高い商品は、もともと売れる数に限りがあります。

　そのため安く売って薄利多売を目指すのではなく、高く売って1つひとつで利益を出す戦略が基本です。

　ただ、高く売るために原価まで上げてしまうと、利益が薄くなってしまいます。ここを間違えて減益になった企業を、これまでたくさん見てきました。

　大きな利益を得るためには、原価が高いものを高く売るのではなく、高く見えるような商品を高く売ることが原則です。

　もちろん消費者を騙して、品質が悪い商品を高く売れという意味ではありません。品質の良さは、値段にかかわらず守らなくてはいけない最低限の条件。

　高く見えるものとは、原価に付加価値が上乗せされた商品を指します。

　実際に世の中には、原価の何倍もの価格で売られている商品がいくつもあります。

37

わかりやすいのは、海外有名ブランドのバッグでしょうか。

　原価1万円のバッグも、ブランドの名前がつけば、価格は一気に数十倍に跳ね上がります。それでも消費者が喜んでお金を払うのは、バッグという物だけでなく、ブランドの持つ信頼性やステータスに価値を見出しているからです。

　同じようにお客様を納得させられる付加価値があれば、原価が高くない商品を高く売ることが可能です。

　はたして、自社製品にはどのような付加価値をつけられるのか。単価の高い商品を売る場合は、その点をもう一度検証してみましょう。

第2章 リーダーが押さえておきたい利益を生み出す原則

11
価格交渉を有利に進めたいなら、交渉前に、相手の損益分岐点を知ろう

仕入れの価格交渉では、少しでも安く買ってコストを下げたいもの。

そこで、ぜひ実践したいことが2つあります。

1つは、相手の損益分岐点、つまり"これ以上安いと相手が赤字になる"というラインを見極めることです。

交渉の場で相手から、「この価格では利益が出ません。もう勘弁してください」と言われることがよくありますが、これは値切られたくないがゆえの予防線である場合がほとんど。

この言葉が出ているうちは、まだ交渉の余地あり。さらにおおよその損益分岐点を見極めて、突っ込んだ価格交渉が可能です。

他社の損益分岐点を正確に把握するのは困難かもしれません。ただ、普段から商品知識や取引先について研究していれば、おおよそ見当がつくようになります。

損益分岐点の予測も、リーダークラスの人間は確実に身につけておくべき大事なスキルです。

39

損益分岐点を把握すれば、相手を必要以上に追い詰めない交渉も可能です。損益分岐点を下回るか、ほぼトントンという要求は、相手も簡単に飲めません。

　その引き際がわからずに強引に価格交渉を進めると、結局は契約に至らず、相手との関係を悪化させるだけに終わってしまいます。業者は大切なパートナーですから、相手にも利益が出る範囲で交渉をまとめて、共存共栄を目指すのが理想です。

　価格交渉を有利に運ぶテクニックとして、もう1つおすすめしたいのが、**商品やサービスの欠点や弱点（アラ）を探して、値引きの材料として活用してみること**です。

　たとえば、「この機械は他メーカーのものよりパフォーマンスが落ちる」「納品が2週間後では厳しい」というように、営業現場では解決できない欠点や弱点を指摘して、譲歩を引き出すのです。

　もちろん欠点を上回るメリットがあるから購入を検討しているはずですが、その点は購入が決まった後に褒めればいいこと。価格が決まるまでは、あえてアラ探しに徹しましょう。

12
適正な価格のつけ方で迷ったときは、会社の方針を優先させる

　新規事業や新商品のプロジェクトで難しいのが価格の設定です。

　高過ぎると売れないし、低過ぎると利益が出ない──。

　私自身も毎回、頭を悩ませていた部分でした。

　価格をつけるとき、私が実践していたアプローチは3つあります。

　まず1つ目が、**マーケティング的なアプローチとして、市場の実勢から価格を設定する方法です。**

　競合商品はいくらなのか。市場調査では、消費者はいくらなら買うと答えているのか。これらのデータを分析して、これ以上高いと売れないというおおよその上限を設定します。

　一方、プロダクト（製品）からのアプローチも必要です。

　この製品をつくるために、いくらかかるのか。

　この原価にいくらの利益を上乗せすれば、販売管理費やこれまで投資した開発費を回収できるのか。

それらを考慮して、これ以上は安く売れないという下限を設定します。

　さらにもう1つ重要なのは、**営業戦略や経営方針からのアプローチです。**

「安く設定すると、ブランドの価値を守れない」

「競合に勝つことが最優先課題なので、競合より1割安く売りたい」

「会社として高付加価値ビジネスへ転換中なので、むしろ高く設定して、ほかにどんな価値をつけられるのかを検討せよ」

　こういったように、会社の方針に沿って価格を設定します。

　以上のように価格は、これらの3つのアプローチから総合的に判断して設定します。

　それぞれ重要なアプローチですが、迷ったときは会社の方針を優先するといいでしょう。

　価格を決める会議で営業サイドと生産サイドの意見が割れることがよくありますが、どちらも会社の方針は無視できません。

13

競争は負け戦。
突入すれば利益は下がる

　ライバルが値下げをして、顧客を取られてしまった。

　だからといって慌ててこちらも値下げをして対抗する
のは愚策です。

　値下げ合戦のパターンは決まっています。

　どこかが値下げをすると、他社も負けまいと追従する。
しかし、値下げしても原価は変わらないため、追従した
会社は利益率が低下して、体力のない企業から淘汰され
ていく。ライバルがいなくなったころを見計らって、最
後まで生き残った大手が適正な価格に戻して、値下げ期
間中に失った利益を回収する——。

　一見、大手が得をするように見えるかもしれませんが、
価格が適正に戻ればふたたびライバルが参入するため、
値下げ合戦の前の状態に戻るだけ。

　**長い目で見れば、値下げ合戦に参加して得をする企業
は1つもないのです。**

　では、もしライバルが値下げに踏み切った場合は、ど
う対処すればいいのか。

まず自社の品揃えのなかで、ライバルが持っていない商品を前面に出します。他社が値下げしていない商品なら、当然、こちらも値下げする必要はなく、利益率をキープしたままビジネスができます。

　他社の値下げの影響を受ける商品は、思いきって撤退・縮小するか、改めて付加価値をつける方法を模索します。

　たとえば、同じ商品を売るのでも、カタログ的に並べて売るのではなく、オーダーメイドのプランをつくって提案したり、納品時期を早めるなどサービス面で付加価値をつけることもできます。

　場合によってはコストが増えますが、際限のない価格競争に巻き込まれるより、利益の低下をずっと抑えられるはずです。

　いずれにしても、「向こうが下げたから、絶対にこちらも対抗しなければ！」という戦略は厳禁。

　自分の首を絞めることにつながるので注意してください。

第2章　リーダーが押さえておきたい利益を生み出す原則

14
利益追求の近道には、
大きな落とし穴が潜んでいる

　30代の若手リーダーと話をしていると、よく「簡単に利益を得られるような方法はないでしょうか?」と、真顔で聞かれます。

　利益はビジネスの大きな目的の1つであり、効率よく目標に到達しようという姿勢は悪くありません。ただ、この質問を受けるたびに説教めいたことを言いたくなるのも事実です。

　ビジネスで利益を生むためには、いくつもの手順が必要です。商品やサービスをつくり、お客様を獲得して、お客様を満足させた対価としてお金をもらう。それぞれのステップでは、さらに細かい業務も発生します。

　ラクに儲けたいからといって、それらのステップを無視して近道すると、必ず落とし穴が待っています。

　たとえば、手っ取り早く売上をつくろうと押し込み営業すると、いずれ取引先から見放されて売上がつくれなくなります。

　利益を直接生まないからといって品質チェックを簡略

45

化すると、不良品が発生して信用を失い、お客様が離れ
ていきます。

　落とし穴にはまると、そこから這い上がるのは大変で
す。
　実際、私が再生を請け負った企業の大半は、近道をし
ようとして落とし穴にはまって抜け出せなくなっていた
企業でした。
　利益は小さな仕事の積み重ねから生まれます。
　**儲けたいなら、むしろ「急がば回れ」の精神で、１つ
ひとつの仕事を丁寧にやっていくことが大切なのです。**

15
経費は、売上に影響しないところから削る

　事業単体の黒字も大切ですが、会社の上層部を目指すマネージャークラスにとっては、全事業トータル、あるいは財務的に黒字かどうかも頭の痛い問題です。

　ある事業で黒字でも、その利益をほかの事業が食いつぶしてしまったり、資金繰りで借金を重ねていくと、その先に待ち構えているのは倒産——。

　もう少し広い視野に立って、幹部候補の方々がプロの仕事人として知っておくべき、会社の利益について考えます。

　まず、重要なのが、利益を食いつぶす"経費"の問題です。直接的なコストカット、つまり経費削減は、利益を増やすための特効薬です。

　以前、ある専門商社から頼まれて事業計画書をチェックしたところ、経費削減について大きなミスをおかしていることに気がつきました。ここでは多くを語れませんが、そのまま進めていたら、おそらく計画通りにはいかなかったでしょう。

　経費削減で守るべきルールは2つあります。

まず1つは、**単純に経費の額を比べるのではなく、対売上比で経費の額が大きい事業から削ること。**

たとえばA事業とB事業の売上規模が同じで、A事業のほうが20％多く経費を使っているなら、20％削減を目安に具体的な削減策を考えます。売上比で経費が大きい事業は、それだけ効率が悪い事業といえます。

そうした事業には、さらに削るべき余地が十分に残されているし、基準が明確なので、経費をカットされた側も納得しやすいのです。

もう1つのルールは、**売上に直結する部分の経費カットを後回しにすること。**

売上に影響する経費を即座に削ると、同時に売上も減る危険性が大きく、経費削減のメリットが小さくなります。削るなら、売上から最も遠い部分からです。

では、具体的にどこから削ればいいのか――。

その説明の前に、経費の基本を押さえておきましょう。

経費は会計上、原価と販売管理費（販管費）及び一般管理費に分けられます。

原価は製品をつくる（仕入れる）ための費用で、売上と連動する変動費です。

一方、販管費は販売活動のための経費で、営業マンの人件費や宣伝広告費などがそれに該当します。

また一般管理費は、いわゆる管理部門に使うお金で、経理や総務の人件費や、会社全体の福利厚生費、交通費などが含まれます。販管費と一般管理費は売上がゼロでも発生する固定費です。

これらの経費を売上への影響度の少ない順に並べると、一般管理費、販管費、原価という順番になります。つまり経費を削減するときは、この順で手をつけると利益を増やしやすくなるわけです。

ただし、原価は真っ先に減らしてもかまいません。

たとえば、問屋を少しでも安く卸してくれる業者に替えたり、内製部品を外部からより安い価格で購入するなど、コストダウンの方法はいろいろと考えられます。

16
投資を決めるときは、リターンより、リスクから考える

　ビジネスで利益を得るためには、先行投資が必要です。ただ、収益（リターン）ばかりに目を奪われ、過剰な投資を行って失敗する人が後を絶ちません。

　実務家の立場で言うと、まずチェックするのはリスクです。

　先行投資して失敗する確率はどの程度あるのか。

　仮に失敗したら、損がいくら発生するのか。

　損害が発生した場合、会社にどんな影響があるのか。

　これらのリスクを徹底的に分析して、最悪の場合でも会社が傾かないと判断できたら、そこではじめてリターンの検討に入ります。

　最終的な決断は、リターンとリスクを比較して決めます。リターンがリスクを明らかに上回れば、ゴーサインを出します。逆にリスクがリターンを上回る場合や、どちらも同程度の場合は投資をしません。

　この考え方は、買取や資本提携などの大きな投資案件から、新規事業や設備投資などの事業上の投資まで、ビジネスでお金を出すシーンすべてに当てはまります。

17
借金のコツは、金利ではなく、身の丈にあった額

　借入は、とくに中小企業の経営者から相談を受けることが多いテーマですが、現場のリーダークラスの人も知っておくべき問題。

　これは鉄則ですが、お金は返済できる範囲で借りること。問題は、返済できる範囲をどうやって判断するかなのです。

　一部の方は、金利に注目して、「いずれ資金が必要になるのだから、低金利のうちにたくさん借りよう」といった間違った判断を下します。

　たしかに金利が低いほうが有利ですが、そもそも金利は元金に対して発生するもの。

　返済総額に影響を与えるのは金利よりも元金のほうであり、金利でいくら借りるかを決めるのは本末転倒です。あくまで借入は、そのときの身の丈にあった額の範囲で行うべき。

　参考になる指標はいろいろありますが、目安の１つとして、借入の結果、自己資本比率が30％を下回るような借金は避けたほうがいいでしょう。

18
無借金経営を実現したいなら、お金の回収サイト(期間)を短くせよ

　ある赤字メーカーの再生に乗り出したときの話です。

　当時、その会社には約50億円もの借金がありました。しかし３年後、その借金はきれいさっぱり消えて、無借金経営になりました。

　１年目から黒字転換しましたが、それでも50億円をポンと返せるほどの利益が出たわけではありません。

　いったいどんなマジックを使ったと思いますか?

　正解は、売掛金回収サイト（期間）の短縮です。

　当時、そのメーカーは売掛金の回収を170日後に設定していました。業界では標準的なサイトでしたが、これではキャッシュフローが悪すぎる。そこで取引先に何とかお願いをして、サイトを35日に短縮。約４カ月早く現金が入ることになりました。

　当時の売上は年間約100億円。つまり４カ月早く、約３分の１の30億円を前倒しでいただくことになります。

　これをそのまま元金の返済に充てて、借金を圧縮。元

金が半分以下になれば利息も大幅に減るため、そのあと黒字転換によって発生した利益で返済するのも比較的容易でした。

大きな借金というものは、当然、利息も莫大ですから、コツコツと返していく方法ではなかなか減りません。

無借金経営を目指すなら、最初に何とか知恵と努力を働かせて、返すべきお金を捻出してください。

それで元金を大きく減らすことができれば、利息も減って返済がラクになります。

具体的な方策としては、私がやったように、回収サイトの短縮も有効な手段の1つです。

このような話は、社長にとってだけでなく、現場のリーダークラスの人間も知っておいて損のないプロの「お金の運用術」です。

ぜひ参考にしてください。

第3章
リーダーが考えておきたい
売上アップの原則

私がこれまで受けてきた、リーダーからの質問
のなかでも、とくに多かったのは売上をつくる
仕組み、つまり営業や販売に関する悩みでした。
どうすれば商品が売れるようになるのか――。
売上を伸ばすためには何が必要なのか――。
とくに、リーダーになって日の浅い人は、その
部分の知識と実践的なノウハウを知ることが大
切だと思います。

19
売上とは「社員の頑張り」と、「お客様の支持」の結果

　実際に経営の中枢に立てばわかることですが、売上は企業活動のなかで最もつくるのが難しい数字です。

　極論すれば、財務指標の多くは経営者の才覚でつくることができます。

　たとえば、リストラなどをすれば経常利益は増やせるし、銀行からお金を借りればキャッシュフローも改善します。

　しかし、売上だけはそう簡単につくれません。いくら経営者があがいても、社員が頑張っても、商品が売れなければ売上はあがらないのです。

　さらに、たとえ社員が一生懸命に営業活動をしても、商品やサービスがお客様の支持を得なければ売上になりません。

　つまり、売上とは、社員の頑張りとお客様の支持、この両輪があってはじめて成り立つ数字なのです。

20
売上を伸ばすには、製品力・販売力・取引制度の３つの仕組みが重要

　30代前半の若手の営業課長から、「ウチは若さが武器。営業力には自信があるのですが、なぜか売上が伸びない」と悩みを打ち明けられました。

　その会社のコンサルティングをしたところ、たしかに営業力はすばらしいものがありました。しかし、一方で製品開発と流通に弱く、それが売上の足を引っ張っていることもわかりました。

　商品を売るためには、次の３つの仕組が必要です。

　①良い製品をつくる仕組み

　②販売する仕組み

　③流通の仕組み（取引制度）

　このうち何か１つに突出していたとしても、ほかの２つが弱ければ売上を増やすのは困難です。

　たとえば、どんなに世の中のニーズに合致した商品でも、それを効率よく流通に乗せて販売する仕組みがないと、ヒットは生まれません。

これは取引制度にアドバンテージを持つ会社も同じです。たとえ全国にネットワークがある問屋へ卸していても、製品に魅力がなく、営業が弱くて少量しか扱ってもらえなければ売上は伸びないのです。

3つの仕組みを、もう少し具体的に説明しましょう。**「良い製品をつくる仕組み」は、「売れる商品を開発する仕組み」と「品質の良い製品を生産する仕組み」に分かれます。**

コンセプトが良くても簡単に故障する商品は、すぐに悪評が立ち、たとえ高品質でも、付加価値のない商品はそもそも見向きもされません。開発力と生産力のどちらが欠けてもヒット商品は生まれません。

「販売する仕組み」とは、ズバリ、営業の仕組みです。

営業マンに厳しいノルマを課すことが営業力強化の近道だと考えるリーダーも多いようですが、それ以前に営業をサポートする仕組みがなければ、1人ひとりのパフォーマンスも高まりません。

「人員は足りているか」

「チームとして無駄のない営業活動ができているか」

「顧客分析をして効率的な訪問ができる環境が整ってい

るか」

「営業ノウハウを指導できる鬼軍曹的な人物はいるか」

　など、一歩引いたところから営業の体制を見直してみましょう。

　「流通の仕組み（取引制度）」に関しては、「直販するのか、業者（代理店、商社、問屋など）を通すのか」「業者を通すなら、誰にどんな条件で卸すのか」という2つの切り口での見直しが必要です。

　これらの視点がないと、もともと競争力のある商品なのに、市場に出るころには強みが失われていたり、そもそも市場に出回らないという最悪の事態も起こり得ます。

　流通の仕組みは盲点になりやすいだけでなく、たとえ問題に気づいても、業界の古い慣習などが壁になり、改善しづらい部分です。

　問題点があれば、業者とのつき合いを大事にしつつも、大胆な改革をすることが大切です。

　部下が若手の場合は、この3つの仕組みのうち、その部下自身が直接的にかかわる仕組みだけの仕事に取り組んでもらえばいいと思います。しかし、それが許されるのは、せいぜい係長レベルまで。

3つの仕組みが売上にどのような影響を与えるのかという構図が頭に入っていないと、より広い視野が求められる課長職以上になってから苦労します。

実際、冒頭に悩みを打ち明けてくれた課長は、販売する仕組みにしか精通していなかったせいで、売上減を招きました。

将来、経営幹部を目指すなら、ぜひこの3つの仕組みの上手な利用方法を覚えておくべきです。

第3章　リーダーが考えておきたい売上アップの原則

21
差別化に成功した会社は
つぶれない!

　どの企業にも、必ず競合相手が存在します。かつては
オリジナルの商品やビジネスモデルで、簡単に差別化を
図れた時代がありました。

　しかし、いまのような情報化時代では、どんなに優れ
た商品であろうとビジネスモデルであろうと、あっとい
う間にライバルに真似されてしまいます。

　ひと言でいって「容易に差別化ができない時代」とい
うのがいまの経営者の実感でしょう。逆に言うと、そこ
で大きな差別化に成功すれば、それが大きな売上を呼び
込むことになります。

　はたして、ライバルを打ち負かすにはどうすればいい
のか。そのヒントは、じつは意外と単純なのです。

　では、ライバルに勝つための差別化とは?

　**そのためには、商品そのものの"差別化"はもちろん、
ブランドイメージ、売り方、サービス体制など、企業活
動のあらゆる面での差別化が積み重なり、それが企業の
ゆるぎない競争力をつくり上げるのです。**

61

どこを切り取っても平均的に良い評価を得られるが、競合他社との違いがわからない商品。

欠点もあるが、何か1つ決定的に差別化できている商品。

この2つを比べると、市場で生き残るのは後者のほうです。

労力やコストは、平均点を全体的に引き上げるためではなく、他社がけっして真似できないレベルまで差別化を進めるために優先的に使うべきです。

これが市場での競争力を高め、シェアを上げる鉄則なのです。

第3章　リーダーが考えておきたい売上アップの原則

22
値下げのタイミングを逃せば、誰ひとり買ってくれなくなる

「売れ行きが鈍ったので値下げをしたが、ますます売れなくなった」と、ある小売業の販売課長から緊急の相談を受けたことがありました。

値下げをしなければ売れないような商品は、そもそも仕入れないことが原則です。

ただ、在庫を抱えてしまった場合や、品揃えなどで営業戦略上必要がある場合は、値下げという選択肢も当然、あり得ます。その会社が値下げに踏み切ったのは過剰な在庫が原因でした。

一般的に値下げをすれば販売数量が増えて、売上は改善またはキープできます。では、この会社が値下げに踏み切っても売上が伸びなかったのはなぜでしょう。

それは、値下げのタイミングを見誤ったからです。

市場に飽きられるスピードに値下げが追いつかなければ、100円の商品を半額の50円にしても売れません。

半額で売れないなら、いっそのこと10円で投げ売りすればどうか。これも結果は同じ。飽きられてしまった商品は、値段を10分の1にしたところで売れないのです。

63

以前、あるミネラルウォーターが、女性を中心にブームになりました。ミネラルを摂取したいがカロリーも気になるという女性のニーズに、カルシウムやマグネシウムを多く含むこの飲料水がぴったりと合致。当初は通常のミネラルウォーターより高い１本400円（１.５Ｌ）でも飛ぶように売れました。

　ところが、多くの業者がその商品に目をつけて大量に仕入れた結果、徐々に値崩れが始まりました。その後、１本200円を切るケースも珍しくなくなり、それでも売れないのか、１本70円ほどで販売しているネット業者まで現れました。

　ブームが去ることを予感して、いち早く値下げをして売りきった業者は、それなりの利益が出たはずです。しかし、値下げのタイミングを逸したために、たくさんの在庫を抱えて困っていた業者も少なくありません。

　投げ売りしても売れ残れば、最終的には廃棄のコストもかかります。売れないだけで大きなロスを出しているのに、さらに廃棄コストが加わればダブルで赤字です。

　同様のことは、枚挙にいとまがありません。

後手に回った値下げは、百害あって一利なし。

　そんな事態に陥らないように、商品価値の鮮度につねに気を配り、早めの処分を心がけるべきでしょう。

23
売れているかどうかは、「返品率」で一目瞭然！

　商品の売れ行きを見極めるとき、必ず目安の１つにしたいのが返品率です。

　売上も指標の１つですが、市場との間に問屋や代理店が入る流通形態では、売上と実売に誤差が生じる場合があります。この場合は、売上と同時に返品率をチェックしたほうが、実態をつかめます。

　流通形態や業界にもよりますが、**おおまかにいうと、返品率が15％を超える商品は市場に受け入れられていないと判断していいと思います。**

　季節商品でシーズンの終わりに返品率が50％を超えていたら、この商品は相当売れなかったと考えていい。

　返品率が高いのは、商品をつくり過ぎた（卸し過ぎた）か、商品そのものに何か問題があるかのどちらかなのです。

　前者は比較的容易に調整できますが、後者の場合は、コンセプトから品質、価格設定まで、市場に受け入れられていない理由を分析して改善する必要があります。

24
営業現場では、商品を売ることより、相手に快くなってもらうことを重視する

　全国展開をしている、ある小売チェーンの店舗を視察したときの話です。

　混雑している店内で、お客様から「商品の特長を説明してほしい」と言われたスタッフが、ここぞとばかりに商品説明を始めました。ところが、お客様はスタッフの話を途中で遮って帰ってしまいました。これはいったいどうしてなのでしょうか。

　そのスタッフは、接客の目的を履き違えていたのです。**接客は、商品を売るために行うのではありません。接客の目的はホスピタリティ（おもてなしの心）、つまりお客様に快くなってもらうことです。**

　スタッフは、騒がしい店頭で長々と説明をするより、まずはお客様がじっくりと話を聞けるように、静かな場所に移動すべきだったのです。

　お客様に心地よさを感じてもらえれば、接客の半分は成功したも同然です。たとえその場で商品を買ってもらえなくても、「次もこの人に説明してもらおう」「この店のスタッフは話していて気持ちがいいから、またこよ

う」と思っていただければ、長い目で見たときに、より大きな売上につながります。

また、優秀な営業マンやサービスマネージャーに共通している大きな特徴は、けっしてお客様に媚びへつらう接客をしていないことです。

というのも、平身低頭の度が過ぎると慇懃無礼になり、かえって相手を不快にさせてしまうからです。

必要以上に媚びへつらう人から商品を勧められると、相手の心に、「何か裏があるのではないか」という猜疑心が生まれます。

それだけですめばまだいいほうです。下心が伝わると、相手は、「自分は1人の人間としてではなく、お金を払う人としてしか見られていない」と感じとり、自尊心を傷つけられます。そうなると、どんな営業トークも逆効果。相手をますます不快にさせることになります。

偉そうな態度がいけないのは当然ですが、かといって下手に出ていればいいというのも間違いです。媚びを売れば売るほど、逆に商品は売れなくなります。さじ加減が難しいところですが、商品やサービスを提供することによってお客様を助けてさしあげるという意識を持てば、自然で、やさしさにあふれる接し方ができるでしょう。

部下の営業現場での接し方をあなたは知っていますか。

25
営業トークは、話すより、聞く技術を磨けばうまくなる

　これまで500社以上の営業現場を見てきましたが、最前線のマネージャーたちから受けた質問のなかで最も多かったのが、「どうすれば売れる営業トークを身につけられるのか？」という悩みでした。

　私は小手先のテクニックより誠実さが大切だと思いますが、もし技術論で答えるなら、

「まず、お客様の話を90％以上聞き分ける耳と、そのスキルを身につけなさい」

と指導しています。

　昔から「話し上手は聞き上手」と言いますが、これは営業の人にも言えること。営業トークが得意な人は、例外なくお客様から利益に結びつくような話を引き出す技術を持っています。

　営業現場でお客様から聞き出したいのは、大きく分けてお客様の「ニーズ」と「予算（つまり懐具合）」の2つです。

第3章　リーダーが考えておきたい売上アップの原則

「いま何に困っているのか」

「商品のどこに期待しているのか」

「それらのニーズに対して、いくらの対価を払う用意が
あるのか」

「本当にお金を持っているのか」

　という情報を引き出せれば、営業は成功したようなも
の。あとは予算のなかからお客様のニーズを満たすこと
ができる商品を選び、ニーズに合致した特徴に絞ってト
ークを展開すればいい。

　しかし、これらのプロセスを無視して一方的に商品を
アピールすると、的外れの営業トークになる危険性が大
です。どんなに流暢に商品の魅力を語っても、右から左
に聞き流されてしまうでしょう。

　営業トークを磨きたいなら、話す技術より聞く技術を
身につけるべきです。

　相手の本音を引き出すためには、どのような質問が有
効か。

　気持ちよく話してもらうためには、どのような相槌の
打ち方がよいのか。

　それを突き詰めることで、営業トークは飛躍的に上達
するはずです。

69

26
10の特長より、
1つの特長を10回説明せよ

　お客様のために誠心誠意、商品の説明をしているのに、かえってお客様の心が離れていく——。

　赤字の営業部門の戦略見直しや立て直しで現場に同行すると、このように熱意が空回りしている人たちを多く見かけます。

　彼らに共通する点は、説明に熱心になるあまり、商品の特長を1つも漏らさずお客様に伝えようとしてしまうことです。

　ところが、アピールする点が多くなると、1つひとつの特長がぼやけて、かえって印象が薄くなってしまいます。残念ながらこのやり方では、トークをすればするほどお客様は商品への興味を失うでしょう。

　営業トークは、お客様が関心を持つ点や競合商品と比べて優位性のある点に絞って展開すれば十分です。

　仮に10の特長があるなら、それをすべて説明するより、際立った特長1つに絞り、お客様に浸透するまで10回でも20回でも説明する。

第3章　リーダーが考えておきたい売上アップの原則

　同じ時間をかけるなら、そのほうがずっと相手の心に残ります。

　1つに絞ることが難しい場合でも、せいぜい3つまでに抑えましょう。それ以上はお客様の関心が分散されるだけなので注意してください。

　過去のケースからいっても熱意が空回りしていた営業マンの多くは、この点を意識させるだけで成績が大きく伸びました。

　覚えておいて損はない方法です。

27
"きちんとお金を払う人"が最優良の顧客だと考えよ

　　たくさん買ってくれるけど支払いが遅れがちなお客様
と、購入額は小さいが前払いしてくれるお客様。
　　あなたは、どちらが優良顧客だと思いますか？

　　このような質問を、私が相談に乗っている多くのリー
ダーたちに投げかけると、「支払いが遅れても多く買っ
てくれるお客様がいい」と答える人が少なくありません。
　　しかし、正解は逆です。
　　当たり前のことですが、売上というものは現金化して
ようやく売上になります（会計上の処理は別です）。た
とえ額が大きくても、売掛金が未回収のままでは、まだ
買ってもらったことになりません。
　　**きちんとお金を払ってもらって、そこではじめて"お
客様"と呼べるのです。**
　　支払いが遅れるお客様は、会社のキャッシュフローを
圧迫しますし、それを補うために金融機関から借入れる
と、余計な利子を払うことになります。
　　多くの赤字企業で再生の指揮を執るとき、じつはまず、

最初に手をつけた仕事は、お金に関しての"お客様のランク分け"でした。 現金払いか、手形払いか。期日通りに支払いがあるか、遅れることがあるのかないのか。

それによってお客様を5つに分けて、支払いが遅れるお客様には納品時の現金払いを強くお願いしました。

その条件を飲んでいただけなければ、最悪の場合、お客様になっていただかなくてもかまわないという覚悟でした。その結果、一部のお客様とはおつき合いがなくなりましたが、キャッシュフローが大幅に改善されて、再生の具体策を次々と実行に移すことができました。

もしあのときに厳しい態度で臨まなかったら、そのメーカーはいまでも赤字にあえいでいたかもしれません。

オンライン決済が普及していなかった時代は、営業マン自身が売掛金の回収に出向くケースが多く、入金の重要性について十分に理解されていたと思います。

ところが、オンライン化に加えて、最近は組織の効率化が進み、販売と売掛金の回収を別の人が担当するという会社が増加。そのせいか、入金の約束を取りつけたらそこで終わりだと考えてしまう営業マンも多いようです。

本来は、入金を確認するところまでが営業マンの責任。 目先の購入額の大きさにとらわれず、きちんと支払いができるかどうかでお客様を判断してください。

28
世の中が"ブレた"ときこそ差別化のチャンス

「差別化が重要」というと、奇をてらって極端な差別化を図る人がいます。それで成功する場合もありますが、世の中の流れに逆行する極端な戦略は諸刃の剣。失敗して散々な目にあうリスクを覚悟しておかねばなりません。

では、どうすれば優位な差別化ができるのか。経営指導の現場で私がよく言うのは、**「ライバルたちの計画・実行がブレたときこそ王道を歩く」**という戦略です。

実例を紹介しましょう。

少し前の話になりますが、デフレスパイラルによって眼鏡業界で極端な値引き合戦が始まっていたころ、当時私が社長を務めていたニコン・エシロール社は、あえて高付加価値・高価格の新商品の発売に踏み切りました。

時代に逆行する戦略で、当時は社内外から疑問の声が上がりました(こんな高額な商品は絶対に売れるはずがないと……)。しかし、フタを開けてみると、その新商品は大ヒット。業績回復に大きく貢献しました。

まわりが値下げをするときに、逆行して自分だけ価格を上げる。これが結果的に他社との大きな差別化になり

ました。

ただし、奇をてらったつもりはいっさいありません。

高付加価値商品を高く売るという戦略は儲けの基本であり、むしろ過度な値引き合戦というイレギュラーな方向に突き進んでいたのは他社のほうだったわけです。

高価格商品は利益率が高く、安価な商品と同じ売上でも大きな利益を得られます。ところが市場全体のデフレ傾向に引きずられた結果、低コストで生産する目途も立たないのに安売りする企業が続出しました。

そして、その先に待っていたのは驚くほどの利益率の低下。安売りは、よほど体力のある企業でないと乗り切れない奇策であり、本来は避けるべき戦略なのです。

じつは、このようにみんなが奇策に打って出たときこそ、差別化のチャンスです。特別なことをする必要はありません。とても単純なことですが、**他社が極端な方向に流れているのだから、そのときこそ基本を忠実に守れば、それだけで差別化になります。**

たとえば他社が営業効率化のためにインターネット販売に注力するなかで、逆に社内の営業マンのスキルを磨いて対面販売を強化する。またライバルが低コスト生産のために海外生産に乗り出すなら、国内生産で品質に徹底的にこだわってみる。これも立派な差別化です。

29
市場が広がらなければ、売上は必ず下がる

　たとえば、競合他社との争いに勝って、シェアが2割伸び、25％から30％になったとします。しかし、シェア争いの間に業界全体が冷え込み、市場規模100億円のマーケットが2割小さくなっていたとしたらどうでしょう。

　もともとの売上は、市場規模100億円×25％で25億円。現在の売上は市場規模80億円×30％で24億円。

　せっかく努力してシェアを獲得してきたのに、逆に売上は下がっています。

　こうした共倒れを避けるためには、**自社が代表して業界を活性化させるという自負を持ち、つねにお客様の存在を意識した戦略を立てることが大切です。**

　マーケットのすそ野が広がると、結果的に敵に塩を送ることになるかもしれません。ただ、それ以上に自社の売上が伸びるのなら、誰にとっても損はないはずです。

30
自社の「シェア」を把握していないリーダーは言語道断

　赤字会社の再生で現場に入ると、シェアを重視していない社員が意外と多いことに驚かされます。ある化学メーカーのコンサルティングをしたときも、リーダークラスの社員が悪びれた様子もなくこう言っていました。

　「正確なシェア（市場占有率）は把握していません。競合他社と比較する前に、とにかく自社の売上を伸ばさなくては話にならないので……」

　売上を最優先に考えるのは良いことですが、だからといって自社のシェアを把握していないのは言語道断です。

　なぜシェアが大切なのか。それは、**シェアはお客様から見た企業の通信簿であるからです。**

　業界最大手と呼ばれるのは、経常利益額がトップの企業ではなく、売上高がトップの企業です。経営者としては異論を挟みたくなるところですが、少なくても世間や一般の顧客はシェアの大きさで企業を評価しています（自動車やビール会社などがその好例）。

もちろん企業がシェアを争うのは、たんに名誉が欲しいからではありません。シェア1位の企業と2位の企業では、認知度に圧倒的な差が生じるからです。業界の市場規模が小さいほど、この傾向は顕著になります。

　認知度の差はそのままブランド力の差になり、営業面や社員のモチベーションにも影響を与えます。だから企業はシェア争いに躍起になるのです。

　また、シェアの奪い合いは、「手段を選ばず」のえげつない世界です。

　たとえば、M＆Aで下位の企業を吸収したり、優良顧客を持っている営業マンを他社から引き抜いたり、はたまた掟破りの安売りでライバルから顧客を奪ったり。逆に言うと、「シェア・ナンバーワン」という称号には、そういったえげつない努力をするだけのブランド価値があるといえます。

　シェアには、たんに売上の大小を比べる以上の意味がある。

　このことを改めて心に留めておいてください。

31
「安く仕入れて高く売る」を仕事のベースにする

第3章　リーダーが考えておきたい売上アップの原則

　創業して間もない企業や新規事業のコンサルティングで、私がまずチェックするのは、その会社の利益の源になるビジネスモデルです。

　どんな事業でも、その成功はビジネスモデルで決まることが多いのです。

　優秀な経営者と優秀な社員、そして豊富な資金力があっても、ビジネスモデルに穴があると事業として成立させるのは難しい。

　ビジネスモデルとは、商売の仕組みです。

　では、「商売の仕組み」とは何か。

　それは、お金と商品の流れのことです。

　メーカーであれば、何をいくらでつくって、いくらでどのように売るか──。

　商社であれば、何をいくらで仕入れて、いくらでどのように売るか──。

　サービス業であれば、人や設備にいくら投資して、いくらでどのように提供するか──。

79

そのパターンを決めたものがビジネスモデルです。

インターネットによって、日々、新しいビジネスが続々と登場しています。ただ、目新しさに惑わされてはいけません。

商品が物やサービスから情報にシフトするなどの変化はありますが、商売の仕組みそのものは以前からあったものがほとんど。まったく新しい仕組みを持つビジネスはごく一部です。

いずれにしても、見るべきポイントはすべて同じ。それは——、

安く商品を買って（つくって）、高く売る。

この最大の鉄則を押さえていれば、商売の第一関門は突破です。

第3章　リーダーが考えておきたい売上アップの原則

32
儲かる仕組みも、
いずれは陳腐化すると心得よ

「少し前まで儲かっていたが、急に売上が下がってしまった。ビジネスモデルは変えていないのに、なぜ悪くなったのかがわからない」

これはコンサルティングの現場でよく聞く悩みの1つ。

原因はいろいろと考えられますが、経営診断したいくつかの会社で見受けられたケースは、いずれも**ビジネスモデルが陳腐化していた場合**でした。

どんなに利益を生み出したビジネスモデルも、今後ずっと通用するとは限りません。時間が経てば消費者のニーズは変化するし、ライバル会社も対応策を出してきます。市場環境が変われば、優れたビジネスモデルも陳腐化するのです。

ところが、あるビジネスモデルで一度成功した人は、その上にあぐらをかいて、もう疑いの目を向けることがなくなってしまう。その油断が失敗のもとです。

成長を続けるためには、絶えず仕組みを見直して、必要に応じて変化させていかねばなりません。

81

いまから、約5億年前のカンブリア紀は、弱肉強食が加速した時代でした。海面に届く太陽の光が増え、一部の生物が"目"を獲得。目を獲得した生物が、まだ目を持たない生物を捕食するようになったのです。

生物学が専門で『弱者の戦略』（新潮社）の著者である稲垣栄洋・静岡大学教授は、「ナンバーワンであり続けないと生き残れない」と語っています。

これと同じように、弱肉強食が加速している、現在の企業やビジネスパーソンにとって、「この時代をどのように生きるか」が、最大の課題として目の前に立ちはだかっています。

弱い企業が生きる道は、強い企業が「これはかなわない」と感じるくらいの土俵をつくることです。つまり、私たちが目指すべきことは、自社がかなわない土俵を避けると同時に、ナンバーワンになれる市場を探り当てて生きながらえるための、「賢く生き抜く戦略」なのです。

永遠に成功するビジネスモデルなどありません。

陳腐化していないかどうかを絶えず確かめて、必要があれば自らビジネスモデルを変化させていく姿勢が重要です。

第3章　リーダーが考えておきたい売上アップの原則

33
弱小企業は、10試合のうち9試合を捨ててしまえ!

　企業規模や資本力に圧倒的な差があって、どう逆立ちしても競合に勝てない。

　そんなときは、いっそ勝負を捨てましょう。

　たとえば、10戦して全敗しそうなら、勝てる見込みのない9試合は最初から放棄して、望みがある1試合に全戦力を注ぎ込む。そこでライバルに勝つことができれば、（9試合は放棄したので）1戦1勝で勝率は10割。

　私の経験上、競争力の弱い企業が生き残る道としてベストな選択といえるでしょう。

　具体的には、商品や商圏を絞り込む戦略を取ります。

　商品を幅広く展開するのではなく、競合が苦手としている商品や、自社が得意としている商品に特化して売る。営業所をいくつも出さずに、勝てるエリアだけに置く。

　こうした選択と集中によって全滅するのを防ぐのです。1戦1勝で盤石の体制ができたら、次は2戦2勝を目指します。こうやって少しずつ試合を増やしていけば、いずれはライバルと対等に渡り合う体力がついてきます。

　そこではじめて真正面からぶつかればいいのです。

83

34
「マーケティング」とは
シェアを取るための
活動と心得る

マーケティングほど、人によって、その意味するところが違う言葉もないでしょう。

教科書的な言い方をすると、マーケティングとは、「市場のニーズをつかみ、それをもとに商品開発や流通、販売促進を計画して市場を開拓していく活動」を指します。

ただ、人によっては市場ニーズのリサーチをマーケティングと呼んだり、プロモーションの部分を指して呼ぶこともあります。

このように、人によって焦点が違うせいか、マーケティングの意味や目的をつかみかねているリーダーも多いようです。

私が40年間、この分野を専門に仕事をしてきた立場から言わせていただくと、**「マーケティングとは、企業がシェアを取るための活動、そのすべてだ」**と解釈しています。

市場調査をするのも、商品企画や営業企画を立てるの

も、広告を打つのも、すべて売上を伸ばしてシェアを広げるための施策です。

　逆に言えば、**同じような市場調査や商品企画でも、シェア拡大につながらないものは、マーケティングとは呼べません。**

　たとえば、上司にレポートを見せるためだけに市場リサーチを行ったり、消費者のニーズを無視して、開発部門が開発した新技術を無理やり盛り込んだ商品企画を立てたり……。

　これらはマーケティングの形を装った社内活動であり、マーケット（市場）に向けた活動であるマーケティングとは似て非なるものです。

　会社のなかを見回すと、「なんとなくマーケティングっぽいが、シェア拡大につながるのかどうか疑問だ」という活動が意外にあるものです。

　それらの大半は無駄な活動です。定期的に自社の業務をチェックして、エセ・マーケティングになっている業務を洗い出し、本来のマーケティング業務に注力すべきでしょう。

35
マーケティングは 全部門のリーダーに 必須の知識

　ある化学メーカーの赤字再生事業に乗り出したとき、工場で生産を管理している30代後半の課長から、「私は経営企画や営業部門の人間ではないので、マーケティングの勉強は必要ない」と言われたことがありました。

　たしかにマーケティングの知識やスキルを駆使して仕事をするのは、経営企画や開発、営業部門などです。

　では、それ以外の部署では本当にマーケティングの知識は必要ないのでしょうか。

　マーケティングを「シェアを広げるための活動」と位置づけるなら、その根底には「お客様第一」という思想があるはずです。

　自社からの目線ではなく、お客様の目線から見てどうなのか。つねにそれを問うことが、お客様の支持を得てシェアを広げることにつながります。

　そう考えると、マーケティング的な考え方や姿勢は、生産や管理などの部門でも必要であることがわかるでしょう。

たとえば、工場で製品をつくるときに、お客様が実際に使用することを意識しているか。

経理の人だったら、個人投資家に安心してもらえるような決算報告ができているか。

こうした意識があれば、期限切れの材料を使ったり、粉飾決算を行うというような不誠実な行為はできないはずです。

たとえ、販売の現場から遠い部門で働いていたとしても、お客様第一という考え方を持たないまま仕事をすると、最終的にお客様の信頼を裏切り、シェアを縮小させることになりかねません。

どのような部門であっても、つねに"市場"というマーケットと向かい合って仕事をすることが重要なのです。

36
会社のブランド力には有能な営業マン100人分の力がある

　ブランドの解釈は人それぞれですが、複雑に考える必要はありません。ブランドとは、ズバリ、差別化になる商品やサービスの名前のことです。

　もちろん名前がついているだけではダメです。

　たとえば「イチロー」といえば「天才」をイメージしますが、それと同じように、**商品やサービスの名前だけで特別なイメージを喚起させてこそ、はじめて"ブランド"と言えるのです。**

　同じ教育論を話すのでも、普通のプロ野球選手を育てた父親と、「イチローの父」とでは、講演の集客力に大差があります。これは商品も同じです。

　世間や業界にブランドが認知されると、営業もずいぶんとラクになります。会社の実績や商品の特長を説明しなくても、お客様が名前からイメージを膨らませて、こちらが説明する以上の効果を発揮してくれます。

　市場規模にもよりますが、私の経験上、顧客層のうち半数のお客様に認知されているようなブランドは、超優秀な営業マン100人分に匹敵する営業力を発揮してくれ

ました。

　ブランドを築くにはそれなりの投資が必要ですが、営業マン100人分と考えれば、けっして高い買い物ではないはずです。

「ブランド力は、逆立ちしても大手企業にかなわない」

　これは中小・中堅企業の現場でよく耳にする悩みの1つです。

　たしかに会社自体にブランド力や資本力があれば、新しい商品ブランドを立ち上げただけでニュースになるし、多大な広告宣伝費をかけて一気に認知度を高めることもできますが、知名度もお金もない会社がそれを真似るのは困難です。

　私自身、食品の「玄米フレーク」（ケロッグ）や消臭剤の「シャット」（ジョンソン）といったさまざまなブランドを立ち上げてきましたが、外資系企業なので、当時の日本での知名度はあまり高くなく、資金もけっして潤沢だったわけではありません。

　そこで重要になったのが、身近なところからブランドを広めるという発想・戦略でした。

　具体的には、取引先向けに新商品の説明会を何度も開催する、一度買ってくれた既存客にDMを送るなど、す

でに自社を知っている相手を中心に宣伝したのです。

　言いかえれば、自社のブランドが通用する範囲で商品ブランドの確立を目指すのです。

　たとえば、街角で自分のことを知らない通行人に話しかけても、立ち止まって耳を傾けてくれる人はほとんどいません。しかし、同じ人が同じ内容を話しても、身内での会話ならば相手は素直に耳を傾けてくれます。

　ブランド戦略もそれと同じで、**いきなり市場全体にブランドを広めるより、身近なところから展開したほうが定着させることができます。**

　小さな集団（たとえば地方の一部の都市など）でも、そこでブランドが確立されれば、徐々にクチコミで評判が広がっていきます。最近はＳＮＳなどを活用して集客するバズ・マーケティングの手法が主流ですが、これもまず特定の人からの評価を固めて、あとはクチコミで認知が広がるのを待つという意味では同じ発想です。

　外に向かってブランドを広めていくのは、まず小さな集団にブランドを浸透させてからでいい。

　この順番を間違えて、ブランド力のない会社が最初から市場全体を相手にすると、身近な相手への周知がおろそかになり、結局、誰にも浸透しなかったという事態を招きやすいのです。

第3章　リーダーが考えておきたい売上アップの原則

37
ブランドには
一度のミスも許されない!

　ブランドは長い時間をかけて築き上げられることが多いため、貯金のようにストックできる元本保証の財産だと考えがちです。しかし、それは錯覚にすぎません。

　たとえば、時間通りに届けることを売りにしている宅配サービスが、一度でも遅配したらどうなるでしょうか。

　あるいは、品質や技術を売りにしているメーカーの商品に大きな欠陥品が出て、それが事故につながったとしたら?

　たとえ遅配や欠陥品が例外的なものだとしても、それが市場に知れ渡った時点でブランドの価値は急落します。

　市場は、ブランドを「100－1＝99」とは計算してくれません。ブランドの計算式は「100－1＝0」。

　一度、信頼を損なえば、価値が消えてしまうのがブランドの怖さです。

第4章
リーダーが変えるべき
改善の原則

2000社を超える企業の体質を間近で見ていると、否が応でも「伸びる会社」と「危ない会社」の見分けがつくようになってきます。

伸びる会社とそうでない会社の見極めは、取引先のチェックをするときだけでなく、自社を組織改革するときにも役立ちます。

はたして、成長を続ける会社はどんな部分が有利に働いているのか。また、成長が止まった会社で、現場のリーダーは何を改善すれば息を吹き返すのか。その秘密を探ってみましょう。

38
生き抜く組織の3つの条件「売上」「利益」「再投資」の重要性を知っておく

　組織を成長させるためには、いったい何が必要なのか。

　この質問に「売上を増やして、利益を出すこと」と答えた人は、残念ながら不正解。もう1つ、重要な要素が抜け落ちています。

　売上を増やすのは、利益をつくるため。利益をつくるのは、再投資するため。そして再投資するのは、売上を増やすため。

　この3つのサイクルが会社を成長させます。このことは、社長はもちろん、現場のリーダーの人もしっかり認識しておいてください。

　必要以上に内部留保が多く、それをいいことだと勘違いしている会社は、間違いなく、成長が止まり始めます。

　内部留保は貯金のようなものですから、多ければ多いほど安心できるという気持ちはわかりますが、私の考えでは、万が一の場合に全社員の退職金が賄える額があれば十分。それ以上は再投資（具体的には、商品開発や設備投資、人材の獲得や研修）して、来期の売上を増やすために使うべきです。

第4章　リーダーが変えるべき改善の原則

39
仕事は少数でやるから
精鋭になる

「うちのチームにもっと優秀な人をくださいよ」

「優秀な人を少数だけ集めてやってみたい」

　こんなリーダーの呟きが聞こえてくることがあります。

　2割は容認できますが、8割は間違いです。

「少数精鋭」とは、少数でやるから、精鋭になるのです。

　そのためには、リーダーには2つのやるべきことがあります。

　1つは、**リーダーは修理の達人でなくてはなりません。**

　頼りにならない部下がきたら、「よーし！　彼を精鋭に変えてみよう。考えることがいかに楽しいか、仕事を通じて成長できることを、真正面から熱意を持って伝えよう」という決意をすると同時に、リーダー自身もそれを楽しみながらやることです。

　もう1つは、

「どこを改善したら、お客様に喜んでもらえるか？」

「どこを改善したら、効率が上がるのか？」

95

「どこを改善したら、利益を確保できるのか？」

　ということを部署の課題として、部下たちに絶えず考える習慣をつけさせ、報告させることです。

　そして、自分もそばにいて、ときにはファシリテーター（進行促進役）として議論に参加し、一緒に汗を流せば、必ず、精鋭集団に変わっていきます。

　もともと入社試験で採用された人。つまり、それなりの評価をされた人たちです。

　リーダー１人の力で変えさせようとしたら、かなり大変かもしれません。でも、グループの力を使うと成長が加速します。

　学園祭でのイベントを成功させようとして、徹夜で議論していたら、普段ボーッとしているような人が、人が変わったみたいに活躍したことがありませんか？

　人間は、変わる可能性が8割はあるのです。

第4章 リーダーが変えるべき改善の原則

40
ダメ組織を生き返らせる抜擢人事のすごい力

組織として目に見える問題はないが、どうも社内がピリッとしない。そんなときこそ抜擢人事の出番です。

抜擢人事のメリットは2つあります。

第一に、抜擢は若い社員に夢を与えます。

成果主義人事を採用する例が増えてきたとはいえ、成果主義は業績と直結する賞与だけで、昇進は従来通りの年功序列という会社がまだ多い。どんなに頑張っても課長まで10年、部長まで20年かかると思うと、向上心のある社員も、心の奥底でブレーキをかけてしまうもの。

しかし、5年で課長、10年で部長に昇進した事例が身近にあれば、無意識のうちにスピードを緩めていた社員も、アクセル全開で飛ばし始めます。

一方、抜擢はキャリアの長い社員のやる気にも火をつけます。

年功序列というアドバンテージが一瞬のうちになくなるのですから、のんびりと構えていられません。

正確にいえば、やる気ではなく、お尻に火がついた状態ですが、結果的には同じこと。経験の浅い社員には負

97

けられないと、これまで以上に頑張ってくれるでしょう。

もう1つのメリットは、この人事で古いやり方が淘汰されることです。

これは本当に不思議なことですが、組織のなかには前任者がやっていたのでそのまま引き継がれたという仕事が数多くあります。

たとえば、昔からの習慣で必要のない定例会議を毎週開いたり、現場のリーダーレベルの決裁で十分な稟議を部長に回したり。

「この仕事って、本当に必要なものなのだろうか」というようなレベルの業務が、みなさんの会社にもあるはずです。

ところが、そのような仕事について最初は疑問に思っていた社員も、昇進するころにはそのやり方にすっかり馴染んで、そのまま前任者のやり方を踏襲してしまう。

結果として、誰も根拠を説明できない仕事の進め方が延々と続いていくのです。

もし、あなたに人事権が認められているなら、思いきって、デキる若手社員を係長などに抜擢してチームの活性化を図ってみてはどうでしょうか。

41
経営理念は、末端の社員まで浸透させるプロセスを重視する

　独立して会社の設立準備中という、40代の知り合いが10枚の色紙を持ってやってきました。

　経営理念をいろいろと書いてみたが、どれも大切なことに思えて決めきれない。そこで私に、最適な1枚を選んでくれというのです。

　失礼を承知で、私は色紙の中身も見ずに即答しました。

「どれも大切に思えるなら、10枚すべてを経営理念にすればいい。少なくとも人に決めてもらうものではないはずです」

　経営理念は、経営者の考えそのものです。自分の考えが多岐に渡るなら複数の経営理念を掲げてもいいし、逆に1つの単語しか思い浮かばないなら、それをそのまま経営理念にしてもいい。経営理念の形に決まりは何もありません。

　さらにいえば、中身もまったくの自由です。社会貢献や人材育成を第一に掲げてもいいし、極端な話、「お金儲けバンザイ」でもいい。

　経営理念は企業の旗印であり、それに共感した人が集

まってくるのですから、格好をつける必要はありません。

　経営理念をつくるとき、むしろ気をつけるべきことは、理念を組織に浸透させていく方法でしょう。どんなに立派な理念も、社員に浸透しなければ絵に描いた餅です。**理念は社員と共有・実践してはじめて価値を持つのです。**

　ところが、多くの会社は、会社案内に印刷したり、額縁に入れて社長室に飾っているだけ。こんな状態では、何のために理念を掲げているのかがわかりません。

　伸びる会社は、経営理念の中身がどうであれ、それを社員に浸透させる仕組みを持っています。

　パナソニックが朝礼で「綱領・信条・七精神」を社員に唱和させることは昔から有名ですし、ザ・リッツ・カールトンホテルが、理念の書かれた「クレドカード」を従業員に肌身離さず携帯させていることもよく知られています。

　はたして、みなさんの会社は、経営理念のもとに社員間で同じ価値観を共有できているでしょうか。

　少なくとも現場のリーダーが、その理念に精通していないというのでは話になりません。

　まずはリーダー自身が経営理念を理解したうえで、部下への浸透を図る。それが組織をまとめるリーダーに課せられた役割です。

第4章　リーダーが変えるべき改善の原則

42
モラルの低い組織は、
生産性も低い

　ある専門商社の再建を託されたときの話です。

　その会社には営業一課と二課がありました。営業一課は総勢16人で、営業二課は約半分の9人。取り扱う商材が違うので直接比べるのはフェアではないかもしれませんが、社員が倍近くいることを考えれば、営業一課の売上が大きく上回っている状態が普通です。ところが、両営業課の売上はほぼ同じ。直近で見れば、人数の少ない営業二課のほうが上回っている月もありました。

　どうして1人当たりの売上が倍近くも違うのか。その疑問は、始業時間前に両方の営業課を覗いたことでわかりました。

　始業時間前に営業一課を覗くと、16人中、会社にきていたのは7人。残りの9人は、それから5分以内にぞろぞろと出社。もう1つの営業二課は、9人全員が始業時間前に着席して、仕事を始めていました。両営業課で、朝の仕事の取り組み方がまったく違ったのです。

　もちろん、わずか5分程度の遅刻が仕事量に大きな影響を与えるとは思っていません。**問題なのは、営業一課**

101

の社員の多くが当たり前のように遅刻してきたこと、そして遅刻を許す空気があることです。

　簡単な約束事が守れない組織では、売上の目標数字を守る意識も希薄になります。目標額に多少足りない数字でも、心のどこかで「まあいいか」という甘えが生じて、おたがいを許しあう風潮があります。

　会社のなかには、マナーレベルのものから明文化された規則まで、組織で働くうえでの約束事がたくさんあります。普段の挨拶、部内の整理整頓、提出書類の締切り、報・連・相の徹底、個人情報保護のルール……。すべてが重要な決まりです。

　1つひとつは、守らなくても大きな影響はないかもしれません。しかし、「まあいいか」の気持ちが慢性化すると、職場に緊張感がなくなり、生産性も落ち始めます。

　ちなみに営業一課だけ遅刻者が続出していたのは、課を率いる課長がいつも10分遅れで出社していたから。これでは遅刻する部下がいても叱るのは無理でしょう。

　そこで課長には配置転換で異動してもらい、だらけた環境のなかでも無遅刻を貫いたチームリーダーを新課長に抜擢しました。その結果、職場の雰囲気はガラリと変わり、1年後には、1人当たりの売上額が営業二課と遜色ないレベルになっていました。

第4章　リーダーが変えるべき改善の原則

43
モノが溢れて生産性が落ちていると感じたら、オフィススペースを、あえて半分にする

　まあまあの業績をあげている課長から、部屋替えの相談を受けたことがあります。この会社のオフィスは交通の便も良いし、社員の数も大幅に増えていないはず。

　不思議に思って理由を尋ねると、「書類があふれて手狭になり、仕事のパフォーマンスが落ちている。広い部屋に移れば、整理整頓ができて社員のパフォーマンスも上がるのではないか」という答えが返ってきました。

　事情を聞いて、私は逆のアドバイスをしました。「部屋替えするなら、いまより狭いところに移ったほうがいい。そのほうが部下の生産性も高まりますよ」

　なぜ狭いオフィスのほうがいいのか。

　それは、不要なモノを処分できるからです。

　その会社が生産性を落としていた一因は、事業の成長とともに書類やファイルが増え、仕事の効率化、時間の短縮化に遅れを取ったからでした。

　たとえば、自分の担当顧客に提出する見積もりの参考にするために、前回、その顧客に提出した見積書の控えを探すとしましょう。見積書ファイルが収まっているは

103

ずのキャビネットは、すでに満杯。該当するファイルがほかのキャビネットに混じっていないかチェックしたものの、それでも見当たりません。

そこで同僚に尋ねてみると、「ああ、そのファイルなら片づけるスペースがなかったから、俺の机に積んであるよ」との答え。その会社では、このような無駄な書類探しが日常茶飯事でした。

だからこそ広いスペースに移って書類を整理すべき、という考えは間違いです。

移転してキャビネットの数を増やしても、いずれはそれも満杯になり、以前と同じ状態に戻ります。むしろキャビネットが増えた分だけ、以前より探す手間が増える可能性のほうが高いでしょう。

必要な書類を必要なときにパッと見つけられるようにするには、まず書類の数そのものを減らすべきです。

電子化して保存できるものは電子化する。保存したもの一度も利用していないファイルは、思いきって処分する。これが大原則です。

ただ、「要らない書類を捨てなさい」と言っても、なかなか捨てられないのが普通の心理です。そこで狭いオフィスへの移転をきっかけに、不要なモノを捨てざるを

得ない環境を強制的につくってしまうのです。

これまで10個のキャビネットを使っていたなら、思いきって4個に減らしてしまう。すると少なくても60％の書類は処分しなくてはいけませんから、必要性が微妙な書類はすべてシュレッダー行きです。残るのは、何度も後から見直したり、法的に保管が義務付けられている書類だけ。これなら必要な書類を見つけるのも簡単です。

スペースを狭くしたほうが、パフォーマンスは改善される――。

この法則は、倉庫にも当てはまります。

倉庫が在庫でいっぱいになると、普通、人はより広い倉庫を借りることを考えます。しかし、これもオフィスと同じく、広くしたところですぐに以前と同じ状態に戻るだけです。

倉庫の場合、大切なのは不良在庫をいかに減らすかが問題。そのためには、**あえてスペースを半分にして、本当に売れる商品だけを仕入れ、売れない商品をすぐに処分せざるを得ない状況をつくる。**それが最も効果的です。

また、オフィスや倉庫のスペースを半分にすれば、賃料も安くなります。パフォーマンスが向上して、そのうえコストダウンにもなる。まさに一石二鳥の戦略です。

44
情報はすべてオープンが原則。唯一の例外は？

「弊社は非上場ですが、業績を含めて、いったいどの情報を、どのレベルまで公開すべきなのでしょうか？」

これは、ある中堅メーカーの管理職からの質問でしたが、同じようにディスクローズ（情報開示）について質問するリーダーは少なくありません。

このような質問を受けるたび、私はいつも次のように聞き返しています。

「御社には、社員に知られると困るような情報でもあるのですか？」

すると、ほとんどのリーダーはこう答えます。

「業績が悪いことがわかると、社員の士気にかかわるかもしれません」。これは半分正解、半分不正解です。

赤字企業の再建に乗り出すとき、私は毎回、業績内容を末端社員にまで広く公開して、会社の窮状を知ってもらうことにしています。

それによって会社に愛想を尽かし、辞めていく社員もいます。しかし、大多数の社員は「このままでは会社がなくなる」と危機感を募らせて、業績公開以前より真剣

第4章　リーダーが変えるべき改善の原則

に仕事に取り組んでくれるようになります。

　これまでの経験上、社員が100人いるとしたら、情報公開で辞めるのは1人か2人。残りの大多数は覚悟を決めて働いてくれます。

　むしろ怖いのは、情報を制限することで、社員が疑心暗鬼になってしまうことです。

「業績が悪化していると言うが、社長はベンツを乗り回している。じつは業績は順調で、社員をもっと働かせたいだけなのではないか」

「業績は安定していると社長は言うが、2カ月前からリストラの噂が絶えない」

　このような誤解を招くのは、誰の目にも明らかな形でディスクローズしていないから。**情報は決算データから経営会議での決定事項まで、すべてオープンが原則です。**

　例外は、原価と個別の給与額でしょうか。原価は一部の課長以上は公開。給与は客観的な評価制度が確立されていない会社で公開すると、「自分は同僚より頑張っているのに、なぜ低いのか」「あの人の給料が高いのは、上司に贔屓されているからだ」といった不平不満が必ず噴出します。情報公開することで社内が混乱してしまうのは本末転倒。個人情報保護の観点からも、具体的な給与額については非公開を貫くべきです。

107

第5章
リーダーが知っておくべき
人間関係の原則

利益をあげている会社と比較して、とくに赤字
会社の再生で重要となるのは人間関係。そこで
働く社員はもちろん、取引先やお客様の協力は
不可欠です。

どんなに能力のある人でも、自分1人でできる
ことには限界があります。

それを自覚したうえで、大勢の人の力を借りな
がら仕事を成し遂げるのが優秀なリーダーの役
目です。

では上司や部下、取引先と良い関係を築いて、
協力を引き出すには何が必要なのか。

「おやっとノート」のなかから、人間関係に関
連する項目を抜き出してみました。

45
ビジネスの信用は、
お金の払い方に比例する

ビジネスの人間関係に欠かせないものは何か──。

よく若手リーダーたちを対象にした勉強会で、彼らにそのように質問すると、「誠実さ」「ウソをつかないこと」「約束を守る」「思いやり」といった答えが返ってきます。

これらはどれも重要なファクターですが、とくにビジネス上の人間関係では、人格に優先して求められる要素が1つあります。

それは「金払い」です。

ビジネスの世界で「信用」といえば、債務を履行する、つまり約束通りにお金を払うことを意味します。

口ではどんなに立派なことを言っても、あるいは実際に誠実な対応をしていても、決められた通りに支払いができない会社の信用はゼロ。もし手形という形の約束を守れなければ、不渡りで倒産です。

シビアですが、それが現実。

資金繰りが悪化して、どうしても支払い期日に払えないかもしれないというリスクが生じた場合、速やかに、かなり事前に悪い情報を伝えておく人と、当日とか直前になって伝える人とに分かれます。

このような状況下になると、後者の人が圧倒的に多いのですが、当然、後者の人はこれで完全に信用をなくしてしまいます。

金払いの悪い人やお金に汚い人は、ビジネスパーソン個人の関係においても信用をなくします。

「あの業者の担当者とは仲がいいから、2、3日、入金が遅れてもかまわないだろう」「あの業者に発注する代わりに、キックバックを要求しよう」「給料が安いから、出張費を水増しして請求しよう」……。

こんな考えでは、いずれ誰からも相手にされなくなるのは当然。「本音はお金が欲しいだけだろう」と相手に受け取られます。

お金は、人間の欲望がストレートに反映されやすい部分です。だからこそ、つねに自分を戒めて、お金に対してきれいでいることを心がけてください。

46
頼まれたことは、
その場ですぐに手をつけろ

信頼を得るために、次の2つの習慣を身につけてください。

1つ目は、何か頼まれたときはその場でファーストアクションを起こすこと。

最初の行動が早ければ早いほど、相手は「大事にされている」と感じてくれます。

たとえば、上司から取引先との打ち合わせのセッティングを頼まれたら、その場で先方に電話をかける。うまくアポが取れればOKですが、あいにくアポが確定しなくても、相手の依頼に対して高いプライオリティ（優先順位）を置いていることが伝わります。

2つ目は、頼まれたこと以上の仕事をすることです。

取引先とのセッティングを頼まれたら、日時や場所だけでなく、一緒に打ち合わせの資料もつくる。あるいは新聞記事のコピーを頼まれたら、日付と新聞名、出典もわかるようにしておく。こうしたひと手間に、相手は自分への敬意、リスペクトを感じとります。

第5章　リーダーが知っておくべき人間関係の原則

47
仕事を頼むとき、同時に伝えるべき3つの情報とは?

　仕事を頼んだのに、期待したような働きをしてもらえない。その原因は、相手（部下）よりも自分の頼み方に問題がある場合も多いようです。

　あなたは人に仕事を頼むときに、内容と同時に次の3つの情報を伝えていますか?

①その仕事にどんな意味があるのか（メリット）

②いつまでにしてほしい仕事なのか（デッドライン）

③どんな方法で実行するのか（ノウハウ）

　仕事を頼むときは、その対価として得られるメリットを示すことが大切です。とくにこれは最初に話したほうがいい。

**　成功しても失敗しても自分に何の影響もないと思うと、仕事への取り組み方が甘くなるものです。**

　仕事の目的、金銭的な報酬に限らず、会社からの評価、社会的意義、ビジネスパーソンとしての成長、より大きな仕事につながる可能性など、さまざまなメリットをさ

113

りげなく伝えることで、相手のやる気を引き出してください。

また、デッドラインが曖昧だと、相手はその仕事をいつまでに終わらせるべきなのかがわかりません。

その結果、あなたが頼んだ仕事は後回しにされてしまうかもしれません。

それを避けるには、「なるべく急いで」「完成しだい提出して」というような曖昧な表現で頼むのではなく、締切りとして具体的な期日を設定すべきです。

依頼内容を実行するための方法論（ノウハウ）を伝えることも重要です。

たとえばお客様に配る販促用の資料作成を頼むなら、

「どんなデータを盛り込むのか」

「必要なデータは社内のどの部署が持っているのか」

「下書き段階で○○部の××さんに見せたほうがいい」

など、仕事を進めるうえでのノウハウを提供します。

仕事の進め方を伝えれば、相手はスムーズに作業ができるし、出来上がりがこちらの意図と違って、結局自分でやり直すハメになるというケースも減るはずです。

もちろん、時間的に余裕があれば、ノウハウを先に自分で考えさせるほうが部下の成長につながります。

第5章　リーダーが知っておくべき人間関係の原則

48
伝え方は、相手のモノサシに合わせて変える

　業績がここ1年で急速に悪化した繊維メーカーの再建のとき、生産現場のリーダーが私のもとに直談判にきたことがありました。業務効率化のためにソフトウェアを導入したいが、上司が理解してくれないというのです。

　「このソフトを使えば○○の作業が簡単になって、現場の負担が軽くなります」

　この説明では、上司は「イエス」と言わないはずです。

　彼はソフト導入のメリットを現場でしか通用しない言葉で説明していたからです。

　この発言では上司に、「自分がラクをしたいからだろう」と受け取られても仕方がありません。

　同じ説明でも、次のようにアピールすれば、上司の反応は違ったはずです。

　「このソフトを使えば、1日2時間の短縮ができて残業を減らせます。人件費でいえば、間違いなく、1.5人分のコスト削減につながります」

　同じ事柄でも、立場が違えば、着目する角度や心に響く表現が変わります。それを考慮しないで自分のために

115

なるメリットだけを説明したところで、相手は動いてくれません。この上司は何を基準に価値を測るのか。つねに相手のモノサシに合わせて言葉を選ぶべきです。

先ほどの例で、今度は逆に上司がソフトウェアの導入を進めたい場合も同じです。コスト削減を掲げて無理に導入しても、現場は非協力的なまま。

それよりも、「このソフトを使えば○○の作業がラクになるから、それだけボーナスに直結する業務に時間を割けるようになるはず」と説得したほうが、抵抗はずっと少なくなります。

具体的に言えば、**上司に対しては会社や部署単位の数字を、部下に対しては個人の数字をモノサシにすると、相手にメリットが伝わりやすくなります。**

この原則は、社外の人を説得する場合も変わりません。現場の担当者にも、決裁権を持つ部長クラスにも、同じ表現でプレゼンしている人は、おそらく成績が伸び悩んでいるはず。

同じメリットを伝えるのでも、相手のポジションに合わせて言葉と表現方法を変えるべきです。

49
褒めるときは
全体よりピンポイントを

第5章　リーダーが知っておくべき人間関係の原則

「部下をきつく叱るとふてくされるし、褒めるとつけあがる。まるで子供です」

ある会社のマネージャーから、こんな悩みを打ち明けられました。

若い社員の幼さは、社会人としての経験を積んでいけば自然に改善されていくものです。とはいえ、現場を預かるマネージャーにとっては、一人前に育つまで彼らの成長を待っていられないのが現状でしょう。部下のやる気を引き出す褒め方・叱り方には、ちょっとしたコツがあるようです。

まず褒めるときは、全体ではなく、部分に焦点を当てることが大切です。全体を手放しで褒めると、相手によっては、「自分を乗せようとして無理におだてているのではないか」と勘繰ります。

それよりも、ある部分に絞って褒めた根拠を示したほうが、言葉に真実味が出ます。

たとえば、難しい商談をまとめた部下になら、「厳しい商談だったが、よく頑張ったな。キミならできると思

117

っていた」というような漠然とした褒め方より、**「キミの交渉力は見事だった。あの最後の場面で、よく粘り強く我慢したよ」**というようにピンポイントで褒めたほうが、部下も素直に受け取ってくれます。

　一方、叱り方で気をつけたいのは、本人の意思では改善できない部分を叱ることです。

　たとえば、書類の記入ミスを指摘するときに、「どうしてオマエはそんなに頭が鈍いんだ！」と怒るのは厳禁。

　頭の回転は、たとえ本人がやる気になったとしても一朝一夕に改善できる問題ではありません。そこをあげつらうのは、ただの悪口。部下はいじけるか、反感を持つだけです。

　別の言い方をするなら、**「できる／できない」を問題にするのではなく、「やる／やらない」を基準に叱るべきです。**

「できる／できない」は、能力や環境など、本人の意思ではどうにもならない部分が影響しますが、「やる／やらない」は、100％、本人の意思。

　同じミスを叱るのでも、「どうして提出前に確認しなかったんだ！」というように、意思の部分を叱ったほうが、本人の反省につながります。

第5章　リーダーが知っておくべき人間関係の原則

50
若い部下への
指示は頭から話す

　赤字会社の現場のリーダーの話し方には、ある共通点があります。

　それは、仕事の報告がやたらに長く、その内容もかなり後ろ向き。結果が出なかったことに対する言い訳や、新たに仕事を増やさないための予防線をとにかく並べる。

　そして、こちらが結論を促すと、最後に「できませんでした」という答えが返ってきます。

　上司に報告するときは、まず結論から話して、必要に応じてあとから理由を説明するという手順が正解です。

　これはビジネスの初歩ですが、赤字会社の社員のように、悪い報告しかできない立場に置かれると、結論を後に回して、まず言い訳を並べるという悪いクセがついてしまうのでしょう。

　たとえ悪い報告でも、まず結論から話す習慣を身につけるべきです。

　結論から話す習慣は、上司への報告に限らず、会議や打ち合わせなど、ビジネス全般で求められます。

119

ただし、例外がいくつかあります。

　たとえば若手社員、とくに入社して間もない新人に指示を出す場合がそうです。

　部下に、「明後日までにこの資料をまとめておいてくれ」と指示を出したとします。

　この結論だけを聞いても、部下は資料の目的がわからず、上司の意図と違うまとめ方をしてしまうかもしれません。

　そこで、必要に応じて資料の用途やまとめ方を伝えるのが、一般的な指示の出し方。ある程度のキャリアを積んだ社員なら、このやり方が最も効率的です。

　しかし、相手が若手社員の場合は、"教育"という視点も重要になります。

　そこで、**なぜ自分がこの結論に至ったのかというプロセスを頭から説明してあげるのです。**

　もちろん自分で考えさせることも大切ですが、入社間もない社員は、考えるためのビジネスの地頭がありません。個人差はありますが、少なくても入社３年目までは、このやり方でビジネスの基礎を叩き込んだほうがいいと考えています。

第5章　リーダーが知っておくべき人間関係の原則

　じつはこの手法は、赤字会社の再生に取りかかるとき
にも使います。赤字会社の社員はキャリアを十分に積ん
でいますが、思考のプロセスにどこか間違いがあるから
こそ、赤字という結果を招いているからです。

　**思考のフォーマットを書き換えるには、やはり一度は
最初から説明する必要があるのです。**

51
取引先との関係は、
"1対多"で考える

　以前、あるメーカーの営業マネージャーからこんな相談を受けました。

「シェア2割を持つ大手小売チェーンA社に商品を卸しているが、売り方が強引でエンドユーザーからもクレームがきている。このままでは自社のイメージダウンになりそうで心配だが、大手なので迂闊なことは言えない」

　彼の心配はよくわかります。取引先の方針に下手に口を出せば、相手を怒らせて商品を扱ってもらえなくなる危険があります。とくに市場の2割を押さえている大手が相手なら、慎重になるのは当然です。

　しかしそのとき、私は「あえてこちらから取引を断ったほうがいい」とアドバイスをしました。

　というのも、**本当に注意すべきは、市場の2割を押さえているその1社ではなく、残りの8割を構成するほかの多数の小売店にあるからです。**

　A社のやり方は、業界でも疑問を投げかけられていました。いわば業界の鼻つまみもの。厳しい言い方ですが、鼻つまみものとつき合っていると、こちらまで鼻つまみ

122

第5章　リーダーが知っておくべき人間関係の原則

ものにされます。目先の利益を追って1社とだけつき合った結果、ほかの小売店からソッポを向かれてしまえば、もっと大きなダメージを受けることになります。

このメーカーがA社との取引をやめたところ、1年目は売上が大きく下がりました。しかし、2年目はA社との取引をやめる前より売上が増えました。それは、市場の8割を押さえる小売店の多くが応援してくれて、取扱量を増やしてくれたからです。

取引先との関係は、1対1で完結しません。1社とのつき合いは、良くも悪くも必ずほかの取引先に影響を与えます。

たとえば、ある取引先から値下げを求められたとき、「この取引先だけならいいか」と認めてしまうのは、目先のことしか考えていない証拠。こっそりとやっているつもりでも、いずれ情報が漏れて、「うちも値下げしてよ」とほかの会社から求められるようになります。

取引先1社との深いつき合い方が、ほかの取引先とのつき合い方を左右するのです。

取引先との関係は、つねに"1対多"の意識を持って判断してください。

52
不利益な情報こそ、
真っ先にオープンに！

人に何かを頼むときに、まず伝えるべきことは何か？

それは、**相手の不利益や障害になるマイナス情報です。**

たとえば、部下に資料のまとめを頼みたいが、その資料というのが段ボール1箱分もあって、期日までにまとめるためには5日ほどの残業が必要になるとしましょう。

最初にこの状況を伝えると、拒否される恐れもあります。そこで少し知恵の回る人なら、まず相手に「やる」と言わせてから、残業が必要になることを伝えます。

しかし、仮にその仕事を無理やり、やらせたとしても、相手の心には「騙された」という感情面のしこりが残ります。これでは次に仕事を頼む必要性が生じたとき、快く引き受けてもらうのは無理。

たった1回の依頼と引き換えに信用を失うのは、けっして賢い選択ではありません。

相手に伏せておきたいマイナス情報は、まず包み隠さず伝えるべきなのです。

もし、そのせいで相手に拒否されても、「この人はウ

第5章　リーダーが知っておくべき人間関係の原則

ソをつかない」という信用が残ります。

　その積み重ねで強固な信頼関係が築かれれば、やがて、相手にとって不利益になるような仕事でも、「この人のためにひと肌脱ぐか」と考えて、積極的に協力してくれるようになります。

　相手に不利益があるが、どうしても引き受けてもらいたい場合は、マイナス情報と一緒に、それを上回るメリットや不利益の解決策を伝えてください。

　たとえば、

「この資料は役員会で使うものだから、社長の目に留まるかもしれない」

「キミが抱えている仕事は締切りを延長してもらうように、僕が上司に掛け合うよ」

　など、いずれにしても、仕事を依頼するときは相手がすべて納得したうえで取りかかってもらうことが重要です。

53
熱意とは、仕事の"準備の量"のことである

　赤字だった会社の立て直しが軌道に乗ると、社員の多くがやる気になって、さまざまな企画を提案してくるようになります。

　ただ、なかには上司に認めてもらうために、ポーズとして企画を出してくる人もいます。そのようなずるい社員に限って、口だけは達者です。

「この企画に賭けています」「絶対に成功させる自信があります」などと言って、とにかく熱意を言葉で示そうとするのです。

　しかし、"表面的な熱意"が通じるほどビジネスは甘くありません。ある程度のキャリアを積んだ上司には、すぐに見破られてしまうはずです。

　では、自分の熱意を伝えるにはどうすればいいのでしょうか。

　私がチェックするのは、仕事の準備の量です。

　本気で企画を実現させたいなら、企画書に書ききれない部分まで自分なりに調べているはずです。その部分に

ついて質問して、きちんと答えが返ってこなければ準備不足。本気度が足りないと判断して企画は却下します。

熱意を準備の量で測るのは、企画に限った話ではありません。

海外赴任を希望しているが、英語をまったく話せないし、勉強もしていない——。

営業マンが必死に売り込みにきたが、こちらの事業内容についてよく知らない——。

こんな状況では、いくら口で熱意を伝えられても、信じられるわけがありません。

熱意を相手に理解してもらうには、それ相応の準備が必要不可欠なのです。

54
人脈はつくるものではなく、自然にできるもの

　最近、30代の若手ビジネスパーソンから、人脈のつくり方についての質問を受ける機会が増えてきました。

　ひと昔前は、人脈づくりのために、異業種交流会などに参加して顔を売るというやり方が流行っていました。しかし、名刺を交換したくらいでは人脈にならないことに多くの人が気づき、別のやり方を模索しはじめています。ここ数年で人脈に関する質問が増えたのも、そんな背景があるからでしょう。

　ただ、人脈づくりのノウハウを聞かれても答えに窮します。というのも、**「人脈はつくるものではなく、自然にできるもの」**というのが私の持論だからです。

　人脈づくりを意識して人に近づくと、どうしても下心が透けて見えてしまいます。下心で結ばれた関係は、とてももろいもの。一時的に協力関係を結べても、ほとんどの場合、長続きしません。

　下心があってもおたがいに利害が一致すればいい、という考え方も間違いです。利害が一致していれば問題は

ないのですから、そもそも人脈の出番はありません。

　利害を超えて協力が必要な場面でこそ、人脈というものは意味を持つのです。

　では、どうすれば人脈が自然にできるのか。

　それには、誰に対しても誠実でいること以外にないと思います。

　ビジネスの現場でこれを守るのは意外に大変です。忙しさを言い訳にして、立場の弱い相手におざなりな対応をしてしまったり、損得で判断して、相手の肩書を見て接し方を変えたり……。

　みなさんも、相手に悪いと思いつつ、不誠実な対応をしてしまった経験が少なからずあると思います。

　誰に対しても誠実でいることが難しいからこそ、いざというときに人は、誠実な人のもとに集まるのです。それが結果的に人脈となり、いつか自分を助けてくれます。

　きれいごとに聞こえるかもしれませんが、人が心を許すのは、そのきれいごとを本気で実践している人だけです。そのことを忘れないでください。

55
嫌われてもいいから
信頼されなさい

　好き嫌いの感情は、仕事のパフォーマンスに大きく影響します。

　おたがいに気の合う仲間と仕事をすればやる気が出るし、逆に気の合わない仲間と仕事をすると、モチベーションが下がって結果もふるわないことが多いはずです。そう考えると、人に好かれることは、ビジネスで成功するうえで、かなり重要な要素であることがわかります。

　ただ、**相手に好かれようとするあまり、信頼を失うような真似をしてはいけません。**

　たとえば、上司が部下に好かれようとして、叱るべき場面で目をつむってしまう。あるいは部下が上司の機嫌を取るために、ほかの上司の悪口を言ってゴマをする。

　とりあえずその場は嫌われずにすむかもしれませんが、相手は内心、「こいつはいい加減で信用できないな」という評価を下す場合が多い。

　そう思われたら、仕事で協力を得るのは困難です。

　ここで考えてみてください。

たとえば、次の二者択一……。

いい人だが信用できない人と、気は合わないが信頼できる人。

リーダーであるあなたが、ビジネスパートナーとして一緒に組みたいと思うのは、はたしてどちらのタイプでしょうか。

私に限らず、ほとんどの人は後者と答えるはず。つまり、**信頼は好き嫌いを超えて優先されるものなのです。**

ビジネスを成功に導くうえで、相手に好かれることは十分条件ですが、信頼されることは絶対必要条件。

もちろん好かれるに越したことはありませんが、たとえ嫌われても、信頼を失うようなことだけはしない——。

それさえ肝に銘じておけば、少なくとも人間関係が仕事の足を引っ張ることはなくなるのではないでしょうか。

第6章
リーダーのための
スキルアップの原則

脳細胞は10〜20代をピークに減少するといわれています。

しかし、私はその説をにわかに信じることができません。というのも、赤字会社の再生の過程で、成長が止まっていたはずのリーダーたちが数々の劇的な結果を残す様子を見てきたからです。

ビジネスに必要な知識や能力が足りないリーダーの多くは、勉強の方法を知らなかったり、そもそも学ぶべきものが何かをわかっていないだけでした。

では、何をどのように学べばいいのか。

実際に企業再生の現場で幹部候補の人たちに伝えてきたことをご紹介しましょう。

56
売上が下がったら、発想のダメ出しで、自分と部下の頭を鍛える

とくに営業方針などを変えたわけでもないのに、徐々に売上が下がっている。そんなときには従来のやり方を見直して、新しい方法を探り出す必要があります。

ただ、リーダー1人が思い悩んで解決策を考えようとしても、現状を打破する方策は簡単に浮かんでこないでしょう。というのも、売上が下がっている原因が現場にあり、その情報がリーダーのところまで上がってきていないケースが多いからです。

売上減の原因は、現場が意図的に隠している場合もあれば、現場のメンバー自身が気づいていない場合もあります。いずれにしても、会議などで現場の情報をすべて洗い出す機会をつくり、現場のメンバーと一緒に解決策を考えなくてはいけません。

このようなケースでは、ブレインストーミングが有効です。

ただし、言いたい放題のブレインストーミングは、隠れていた現場情報を洗い出したり、従来にない思考を導くという意味では有効ですが、逆に情報過多になって思

考が拡散し、かえって解決策が遠のいてしまう恐れがあります。

たとえば、売上減の原因をメンバーにブレインストーミングさせたとしましょう。

「ライバル社の製品に新機能が追加されたので、うちのは見劣りするんじゃないか」

「取引先の担当者は、予算が下りないと嘆いていた」

「遠方のお客様が増えたので、お客様への訪問回数が減っているかもしれない」

ブレインストーミングを行うと、このようにさまざまな角度から意見が出てきます。しかし、それゆえに議論が広がりすぎて、結局は解決策までたどり着かないまま時間切れで会議が終了、ということが少なくありません。

そこで重要になるのが、リーダーのダメ出しです。

本来、ブレインストーミングはダメ出ししないことに意味があります。しかし、実際にやってみるとわかりますが、ダメ出しをせず結論までたどり着くケースはまれです。

自由闊達に意見を出させながらも、リーダーが的確にダメ出しすることで、チームとしての思考を1つの方向に集約させていく。

それがブレインストーミングの正しい活用法です。

ただ、ダメ出しにも、いいダメ出しと悪いダメ出しがあります。よく見かけるのが、結論に対してダメ出しするパターンです。

「うーん、その問題はそれほど重要じゃないだろう」

「その方法では、うまくいかないはずだ」

　このように結論だけにダメ出しをすると、部下は自分がどこで間違えたのかが理解できず、別の問題でも同じ間違いを繰り返します。それどころか、根拠のないダメ出しが続けば、参加者の間に、「どうせ何を言っても、上司に却下される」という諦めムードが蔓延して、会議を行っても誰も口を開かなくなる危険もあります。

　そうなると、自分では何も考えずに指示だけを待つメンバーばかりになって、チームとしての思考力は大きく低下していくでしょう。

　チームの思考力を伸ばすには、結論を否定するのではなく、むしろ結論に至るまでの思考プロセスに焦点を当ててダメ出しをすべきです。

「その問題は、営業体制の問題がクリアになれば、自動的に解消される。いま取り組むべきは、営業体制の問題のほうだ」

「その方法は、コストがかかりすぎる。仮にコストの問題が解決しても、他社の事例を考慮すると、キミが期待

しているほどの効果はないだろう」

このように思考の穴を具体的に指摘することで、部下は思考のプロセスを学び、自律的に思考することができる人材へと育っていきます。

いいダメ出しは、自分の思考力を鍛えるトレーニングにもなります。リーダーになれば、誰でも最低限の思考力は身についているでしょう。ただ、これまで思考のプロセスをとくに意識してこなかったという人も多いはず。

それでは仮に自分の思考プロセスに間違いがあっても、それを検証することができません。そこでいいダメ出しを意識すれば、これまで曖昧にしてきた思考プロセスを否が応でも明確にする必要が生じます。

たとえば、問題の優先順位をどのように判断するのか。問題解決の際には、実務上でどのような条件を満たす必要があるのか。**これらを改めて言語化することで、部下の思考力を鍛えると同時に、自分の思考プロセスを再検証することができるのです。**

現場のリーダーになると、上司から思考力について問われる機会は減っていくでしょう。

そこで部下へのダメ出しを積極的に活用して、自分の思考プロセスの見直しを図る。それがリーダーに適した思考力トレーニング法だと思います。

57
情報は、
集める前にあたりをつけろ

　情報収集について、リーダーが意識しなければいけないことが2つあります。

　1つは、**インターネット以外の情報ソースへの投資です**。情報取得コストの安さがインターネットの特徴の1つですが、その影響で、ほかの情報ソースにお金をかけない人が増え続けています。ネットで検索すれば、たいていの情報は入手できるのだから、本を買って調べたり、人に会って話を聞くのは馬鹿らしい、というわけです。

　しかし、多くの人がインターネットに頼れば頼るほど、それ以外の情報ソースから得た情報が希少になります。

　ほかの人と差をつけるなら、まさにこの部分です。

　たとえば、多くの人が敬遠する専門書から知識を得たり、表舞台には出てこない噂レベルの情報を人づてに入手したり、リサーチ会社に頼んで独自に調査したり。

　情報収集力は、このように時間と労力をかけることで差がつくのです。

　あるメーカーの経営に携わっていたとき、取引先の1つが突然、倒産しました。比較的規模の大きい問屋だっ

たので、競合他社の多くが被害を受けましたが、わが社はほぼ無傷。というのも、倒産の一歩手前の段階で、業界のキーマンから情報を得ていたからです。

他社が大手のリサーチ会社などから倒産情報を入手して慌てているとき、私たちはすでに倉庫から商品を引きあげて、倒産した会社の人と残務処理について話し合いを始めていたのです。

誰でも簡単に入手できる情報だけを頼りにしていると、一歩出遅れた結果になりかねません。リーダーとして、利益を確保するという責任を遂行するなら、あえて手間のかかる情報ソースを大事にすることです。

もう1つ、ぜひ意識していただきたいのは、**情報収集の前に"考える"習慣をつけることです。**

インターネットは、誰でも大量の情報を入手できるツールです。それゆえ何も考えずに情報を調べようとすると、大量の情報に溺れて身動きが取れなくなります。

たとえば、部長から突然、「妊婦の送迎サービス事業を検討したい。市場の可能性を、概算でいいから明日までに調べてほしい」と頼まれたとします。

調べる前に何も考えない人は、とりあえず「妊婦」「送迎」「市場」というキーワードを使ってネット検索を

かけます。

　グーグルで調べると、ヒットしたページは約11万7000件。このなかに正解が書かれたページがあるのかどうかも疑問だし、仮にあったとしても、10万件以上のページに目を通すのは困難です。そこでようやく考え始める人はまだマシで、なかには「調べたけどわかりませんでした」と諦めてしまう人もいます。

　一方、調べる前に考える習慣がついている人は、「妊婦送迎サービスの市場規模は『妊婦の数×1人当たりの利用回数×単価』だから、それぞれの数値について可能性を調べてみよう。妊婦の数は年間の出産数とほぼ同じなので、昨年の0歳児の人口を調べれば推定できるはずだ。では、1人当たりの利用回数は……」というように、**調べやすい要素に分解してから検索をかけるはずです。**

　このアプローチ手法は物理学のフェルミ推定と同じです。

　一見手間がかかるようですが、手当たりしだいに関連情報を集めて後から取捨選択するより、必要な情報に絞って収集してから組み立てたほうが、ずっと効率的です。

　妊婦送迎サービスの市場調査は極端な例ですが、ちょっとした情報を調べるときも、

- その情報を効率的に調べるには、どのようなアプローチが最適か
- 信頼性のあるソースはどこか
- その情報の真偽は、どうすれば検証できるのか

　といった問題を頭に置きながら調べたほうが、正確な情報に最速でたどり着く確率がグンと高まるはずです。

　情報収集力は、「情報ソースの量×質×思考力」で決まります。

　インターネットは情報量を増やすことに大いに貢献してくれますが、ネットの便利さだけに寄りかかっていると、情報の質や思考力の低下を招きかねません。

　思考力を活用しながらインターネットを上手に利用して、ほかの情報ソースで差別化を図る。それが、ネット全盛の時代にリーダーに求められる情報収集能力です。

58
一流の人や物と接する回数を増やせ！

　国語の問題ではありませんが、「知識」と「見識」の違いをご存じでしょうか。

　知識とは、物事を知って理解すること。

　一方、見識とは、知識に経験を加えて物事の本質を見抜き、判断することです。

　たとえば、株式投資の仕組みやセオリーは知識があれば理解できますが、いま投資すべきか、どの銘柄に投資すべきなのかという判断は、その人が培ってきた見識によって行われます。

　では、見識はどうやって磨けばいいのでしょうか。

　私がおすすめするのは、一流の人や物に触れる機会を増やすことです。

　見識とは物事の本質を見抜く力ですから、それを磨きたければ、本物に触れるのがいちばんの近道。具体的には物事の本質に迫る良書を読んだり、本質を知っている人に会って教えを請う。

　この積み重ねが、あなたの見識を育てます。

　もちろん普通の生活をしているだけでは、一流の人や

物に出会う機会は少ないでしょう。だからこそ、なおさら自分から一流に触れる機会をつくる必要があります。

私は学生時代、大学の新聞部で学生新聞をつくっていました。新聞部を選んだのは、一流の人に会えるチャンスがあると考えたから。実際、寄稿依頼という名目で、数多くの作家や学者、経営者に会うことができました。

寄稿は断られることが多かったのですが、まだ社会のことをよく知らない学生にとって、寄稿依頼というわずかな接触だけでもいろいろと勉強になったことを覚えています。

新聞部員としての最大の成果は、ノーベル文学賞を受賞したイギリスの哲学者、バートランド・ラッセルに寄稿してもらったことでしょうか。

ラッセルは、知の最前線で活躍する世界的ＶＩＰ。一介の学生が寄稿を頼めるような存在ではありませんでしたが、ダメモトで手紙を書いたところ、どういうわけか、丁寧にコラムを寄稿してくれたのです。

いずれにしても大切なのは、自分からの積極的なアプローチです。一流の人や物と偶然に出会う幸運を待つより、たとえ分不相応でも、こちらから積極的に動いてみる。それが見識を磨くコツです。

143

59
問題発見力を鍛えるには、小さな変化を見逃さず感性を磨くことが大切

　私のようなコンサルタントには、企業からさまざまな相談が持ちかけられます。「売上が減った原因は何か」「赤字に転落したのはなぜか」「どうして社員が定着しないのか」。まさに問題のオンパレードです。

　こうした問題の原因を見つけ出すのは、じつはそれほど難しいことではありません。経営分析手法は専門書でいろいろと紹介されていますし、私自身は、オリジナルの分析手法である「ＣＰＩ問題解決法」を活用して実務にあたっています。

　個人レベルの問題解決法として親しみやすいのは、トヨタの生産現場で活用されていた「なぜなぜ５回」でしょう。これは、問題が発生したら「なぜ？」を５回繰り返してボトルネックを探り出す問題解決手法です。

　たとえば、売上が落ちたら……、

「売上が落ちたのはなぜ？」
　→「競合商品に勝てなかったから」

「競合商品に勝てなかったのはなぜ?」

　→「販促キャンペーンがうまくいかなかったから」

「販促キャンペーンが失敗したのはなぜ?」

　→「企画段階から広告代理店に任せっきりだったから」

　というように、問題の真因にたどり着くまで、ひたすら「なぜ?」を繰り返します。簡単な手法なので、仕事がうまく運ばないときなどに気軽に使えるはずです。

　ここまでは、気の利く人なら誰でも実践できるレベルです。じつは問題発見力には2種類あります。

　1つは、いまご紹介した問題の真因を発見する力。

　もう1つは、問題が表面化していないときに、問題の存在自体を嗅ぎつける力です。

　前者は誰でも身につけることができますが、後者の問題発見力は、個々人の感性がかかわってくるため、誰でも簡単にというわけにいきません。ビジネスリーダーとしての真価が問われるのは、こちらの問題発見力のほうなのです。

　具体的に説明しましょう。

　営業マンはよく頑張っているし、結果として売上の数字も順調に伸びている。これは一見すると、何の問題も

145

ありません。ところが、じつは営業マンの1人が押し込み営業で取引先に迷惑をかけていたとしたらどうでしょう。たとえいま売上が順調でも、いずれは取引先に見放されて、急激に売上が落ち込む危険性が大です。

この危機を事前に察知して問題の発生を未然に防ぐ力が、もう1つの問題発見力です。

こちらの問題発見力を磨くには、日常の微妙な変化や差異に敏感になることが重要です。

たとえば押し込み営業なら、

「月中までノルマにまったく届かなかったのに、月末になって急に数字が伸びた」

「能力はほかの営業マンと変わらないのに、なぜかいつも数字がいい」

「その営業マンによく同行しているが、あるお客様への同行営業だけ拒否される」

など、小さな変化や差異が必ずあるはずです。これらに気づく感性を磨く以外に、問題を事前に察知する力を養うことはできません。

問題発生後に問題点を見極める力は、リーダーが最低限、身につけておかなくてはいけないスキルです。

差がつくのは、問題発生前に危機を察知する力のほうであることを覚えておきましょう。

第6章　リーダーのためのスキルアップの原則

60
交渉力はデキる上司から盗むもの

　トップセールスで取引先に出向くとき、私は成績が伸び悩んでいる課長クラスの人を1人、必ず連れていきました。

　秘書の代わりではありません。目的は教育のため。上司の営業をじかに見せることで、何かを学んでほしいと思ったからです。

　現在は、生産性向上のため、業務をマニュアル化している企業も多いですが、営業のノウハウすべてをマニュアル化することは不可能です。

　たとえば、クロージングのセリフも、お客様のそれまでの反応によっては、切り出すタイミングを早めたり、より強い口調で契約を迫ったほうがいいケースがあります。その呼吸をマスターするには、ビジネスの現場で生身の営業を体感することがいちばんの近道です。

　私は若いころ、経営の神様と呼ばれて多くの経営者に師と慕われたリコー三愛グループの創業者、市村清氏にお仕えしていた時期があります。期間としては1年ほ

147

どでしたが、そのとき間近で見た市村氏の一挙手一投足は、ほかのどんな経営本や研修よりも勉強になりました。

そこで学んだビジネス現場での間合いを自分の経験だけでつかもうとしたら、おそらく10年はかかっていたはずです。

能力のある人と同行するときは、頭のなかで「自分だったらどうするのか」というシミュレーションをしながら観察することが重要です。

何も考えずに同行するだけでは、カバン持ちと同じ。デキる人の立ち居振る舞いと自分のシミュレーションの違いを肌で感じてこそ、同行する意味があります。

また、お手本を1人に絞る必要はありません。

難しい局面で粘り強く交渉することが得意な人がいれば、その粘り強さを学ぶべきだし、長くかかる商談を一発でまとめることが上手な人がいれば、相手を引き込むテンポの良さを学べばいい。多くの人からいいとこ取りをすれば、それだけ成長のスピードは速くなります。

もちろん同行ばかりで自分の商談がおろそかになってはいけませんが、都合がつく限り、積極的にデキる人からノウハウを盗むべきです。そこで学んだ呼吸や間合いは、きっと自分の営業にも活きるはずです。

第6章　リーダーのためのスキルアップの原則

61
"ツキ"は努力の
結果としてやってくる

「能力は劣っているとは思えないし、恥ずかしくない実績も残してきました。しかし、評価してくれていた部長の異動や取引先の倒産など、自分ではどうにもできないことが原因で成績が伸び悩んでいます。どうすれば運はよくなるのでしょうか？」

以前、ある勉強会で、大手企業に勤める若手リーダーからこのような質問を受けました。おそらく同じように、自分のツキのなさを嘆いている人は少なくないはずです。

残念ながら、自分でツキをコントロールすることは不可能です。どんなに工夫をしたところで、サイコロで6の目が出る確率は6分の1しかないのです。

では、確率は変わらないのに、ツキのある人とない人がいるのはなぜか。

それは、幸運が舞い込んできたとき、そのチャンスを活かす準備ができているかどうかの差です。

サイコロの6の目が幸運だとすると、誰にでも6回に1回は幸運が巡ってきます。もちろん6回振っただけでは確率にブレが生じる可能性はありますが、600回振れ

149

ば、誰でも平均100回はそのチャンスが訪れます。

　ただ、その幸運を活かせるかどうかは別の話。

　せっかくいい目を出しても、それを活かす戦略がなかったり、ゲームを途中で投げたら宝の持ち腐れ。慌てて対応を考えているうちに次の人がサイコロを振ってゲームオーバーです。つまり実際のゲームのように、ビジネスの現場では、何の準備もしていなかったがために、自ら幸運を手放したり、幸運が舞い込んだことにも気づかない人が少なくありません。

　本来、ツキは平等なはずなのに、運のいい人、悪い人がいるのは、準備のレベルに差があるからなのです。

　世界の鉄鋼王として有名なアンドリュー・カーネギーは、もともと貧困にあえぐ移民の子で、電報の配達夫として働いていました。のちに電信技師になって出世への足掛かりをつかむのですが、カーネギーが電信技師に昇格したのは、上司の電信技師がまだ出勤していない早朝に、たまたま急を要する通信があり、上司の代わりを務めて自分の技量を示す機会に恵まれたからでした。

　上司がいない時間帯に緊急の電信が入ったのは、まったくの偶然です。ではほかにも多くの電信局員がいるのに、なぜカーネギーだけがそのチャンスをつかめたのか。

　それはカーネギーが、普段は電信が入らない早朝の時

間を使い、毎朝、自主的に電信の練習をしていたからでした。緊急の電信は偶然でも、その場にいて、なおかつ上司の代わりができる技術を持っていたのは、けっして偶然の産物ではなかったのです。

ツキは誰にでも等しく訪れるように、準備の機会も平等です。ツキは自分でコントロールできなくても、準備のレベルは自分で高めることができます。

運を逃したくなければ、それ相応の備えをすればいいのです。ところが、失敗を不運のせいにする人に限って、ろくに準備をしていません。

冒頭に紹介した大手企業の若手リーダーも同じです。

評価してくれる上司が異動になったとき、自分も一緒に連れていってもらうため、あるいは新しい上司とよりよい関係を築くための努力をしていたのでしょうか。

取引先が倒産しても売上が落ちないように、新規開拓を十分にしていたのでしょうか。

不運だったのは確かですが、準備しだいではダメージを最小限にとどめられたはずです。

かたわらから見てツイているように思える人も、本当は特別に幸運なわけではなく、幸運を逃さないための準備ができているだけです。そこに気がつけば、あなたも運を味方にすることができるはずです。

62
リスクを探し出す行為も "プラス思考"と捉える

　コップに半分の水が入っているとき、「もう半分しかない」と考えるのか、それとも「まだ半分ある」と考えるのか。一般的には前者がマイナス思考、後者がプラス思考といわれていますが、みなさんはどちらのタイプでしょうか。

　自己啓発本がしきりにプラス思考を説くせいか、最近はどんな状況でもポジティブに考えるべきだと信じている人が多いようです。しかし、私はそれが必ずしも正しいとは思いません。

　なぜなら、ビジネスでは、マイナスの状況を考えることもプラスにつながるからです。

　たとえば、優秀な部下が突然会社を辞めた……。

　ここで、「残りのメンバーがまだいるのだから」と考えて、現状のメンバーだけで目標達成のための手段を練る。これが一般的なプラス思考です。

　では、いなくなった部下のことを考えるのはどうか。この思考は一見マイナスに見えますが、失った戦力のことを考えれば、当然、次は「どうすればその穴を埋めら

第6章　リーダーのためのスキルアップの原則

れるのか」という発想が浮かびます。

　次の戦略につながれば、これも立派なプラス思考。実際の仕事のうえでは、現状のメンバーだけで対応することしか考えない場合より、むしろいい結果につながる可能性は高いのです。

　まだ結果が出ていないときの考え方も同じです。

　一般的には「きっとうまくいくに違いない」と考えるのがプラス思考で、「きっと失敗するだろう」と考えるのがマイナス思考だと捉えられていますが、悪い結果を思い描くのは、はたして本当に悪いことなのでしょうか。

　結果を悲観するのは、何か心配なことがあるからです。

　では、なぜ心配になるのか。それは、リスク要因を分析して把握しているからです。

　リスクが把握できれば、その対策を立てることも可能です。実際、心配性な人ほど、二重三重に手を打って、リスクを少しでも減らすための努力をしているもの。じつは私もこのタイプで、万が一の場合に備えて、いつも奥の手をいくつか用意しています。

　この行動は、後ろ向きなのでしょうか。

　私はそうは思いません。

**　リスクの芽を事前に潰すのは、むしろ前へ進むための**

153

行動です。

　少し遠回りをしているだけで、ゴールに向かって進んでいることに変わりはないのです。

　リーダークラスの人が注意しなければいけないのは、**本当は心配事があるのに、プラスに考えなくてはいけないと思い込み、無理にリスクから目をそらしてしまうことでしょう。**

　リスクを無視するのは、プラス思考ではなく、ただの思考停止。そのまま前に突っ込んでいけば、玉砕する可能性が大です。

　不安要因を洗い出して把握することも、前へ進むための重要なステップの1つです。

　リスクが見つかったら、そこから目を背けるのではなく、「ああ、事前にわかってよかった」と考えて対策を練る。それがビジネスにおけるプラス思考です。

第6章　リーダーのためのスキルアップの原則

63
数字に強いリーダーは "たかが1円" の重みを知っている

　ビジネスではあらゆる種類の数字が飛び交いますが、なかでも重要なのはお金です。売上はいくらか。経費はいくらかかって、利益はいくらになるのか。この計算が頭のなかでできなければ仕事は進みません。

　ただ、だからといって暗算力を鍛えるのは的外れ。電卓を使ったほうがずっと速くて正確です。

　では、ビジネスパーソンに求められる数字の強さとは何か。

　私が大切にしてきたのは " 1円の重みを知る金銭感覚" です。

　たとえば、競合各店が100円で販売している商品を、ある店が99円で売り始めたとしましょう。このとき「たかが1円の値下げだから気にする必要はない」と考えるリーダーは、おそらく仕事がデキないタイプです。

　たしかに値下げ額は1円にすぎませんが、いままで3ケタだった価格が2ケタになれば、市場に与えるインパクトは1円以上のものがあります。また、100円の商品は消費税込みで108円ですが、99円なら端数を切り捨て

て106円で販売することも可能（端数の取扱いは事業主の判断しだいなので、99円の商品を税込107円で販売するケースもあります）。実質的に2円の値下げになるので、お客様はライバル店に殺到するかもしれません。

　ならば当店も、という安易な値下げも禁物です。追従値下げは顧客離れを防ぐことができますが、客数が増えないため、利益率が悪化します。

　100円の商品を1円値下げしたら、利益率は1％減です。すでに原価をギリギリまで削っているとしたら、この1％をどこでカバーするのか。そこまで考えなければ、わずか1円の値下げにも踏み切れないのです。

　うちは100万円単位の商品を売っているので、1円程度の差は関係ない？

　たしかに単価が高いほど1円の価値は相対的に低くなりますが、規模が大きくなると、悠長なことも言っていられません。

　輸出企業であるトヨタは、円高ドル安が1円進むだけで、営業利益が約350億円減少するといわれています。同じくホンダは約200億円、ソニーは約60億円を失う計算です。**たとえ単価が高い商品を扱っていても、取扱量が多いと、“ちりも積もれば山となる”で、1円の差が重くのしかかるのです。**

このように、ビジネスではたった1円の違いが大きな意味を持ちます。たかが1円と馬鹿にせずに、その向こうに広がる数字までイメージできるかどうかが重要です。

では、どうすれば1円の重みを理解できるか。商売や経済の仕組みを学ぶことも役に立ちますが、より効果的なのは、普段から1円を大切にすることでしょう。

買い物をするときは、1円単位で商品を比較して検討する。給料が振り込まれたら、1円でも間違いがないか確認する。商談では、1円でも安く買って高く売れるように、粘り強く交渉する。こうした小さな積み重ねで、1円を大切にする心は養われます。

私は、「ケチになれ」と言っているわけではありません。むしろ1円の本当の価値を理解する人は、必要があるときに出し惜しみをしません。

1円を惜しむことで、それ以上のものを失う可能性があることをよく知っているからです。

いずれにしても、「たかが1円くらい」と考える人は、数字全般に甘くなる傾向があります。どんぶり勘定でプロジェクトを進めていたら、最終的に大赤字になってしまった、という事態を招くのも、1円単位で気を配る習慣がないからです。数字がどうも苦手だという人は、ぜひ1円を大切にすることから始めてください。

64
理論や知識の
使い方や見せ方を間違えると
嫌われる

　理論や知識は大切ですが、使い方には細心の注意が必要です。

　ビジネスの現場で最も嫌われる使い方は、やらないため（逃げ）の理論武装です。

「マーケティングの常識で考えると、この戦略は失敗するはず。やるだけ無駄です」

「他社が同じようなプロジェクトで失敗しているので、わが社でも失敗が見えています。やめたほうがいいのでは……」

　新しいことにチャレンジするとき、このように真顔でダメ出しをする人がいますが、本音は自分の仕事を増やしたくないだけ。その口実として理論や知識を利用していることがミエミエです。

　とくに、現場のリーダーのなかにそんな考えの人を見つけると、かなりがっかりします。

　逆に、理論や知識の使い方や見せ方を正しく理解して

第6章　リーダーのためのスキルアップの原則

いるリーダーは、同じような状況に置かれると、次のように提案します。

「マーケティング理論を活かして、この戦略をこのプランのように改善してみてはどうでしょうか」
「他社の失敗事例の原因を分析しました。うちも同様の不安要素を抱えているので、まず、それらをクリアする方法を考えましょう」

　同じ理論や知識でも、まさに使い方しだい！
　やること、進めることを前提にすれば、否定するための材料ではなく、建設的な提案をするための材料として活用できるのです。
　やると決まったことに対して、理屈っぽく文句をつけるのは評論家の仕事です。
　一方、実務家に求められる仕事は、会社の決定を成功に導くこと。
　この違いがわからずに評論家的な批判ばかりしていると、せっかく学んだ理論や知識が、かえって自分の首を絞めることになります。くれぐれも注意してください。

159

65
「英語が苦手」という人に伝えたい。ビジネス英語は、それほど難しくない!

　これからのリーダーにとって、英語力は必須です。

　ひと昔前までは、「うちの会社に輸出入の業務はないし、生産もすべて国内。英語を学ぶ必要はない」という理屈が通じる会社が多数ありました。しかし、いまや外資系が日本進出の足掛かりにドメスティックな会社を買収する時代。ある日突然、経営陣が変わって、外国人上司と英語で会議をしなければいけないシーンも十分に考えられます。

　とはいえ、英語を難しく考える必要はありません。**習得すべきなのは、あくまでビジネス英語。個人的には、一般的な英会話より、ずっと簡単だと思います。**

　ビジネス英語を使いこなすには、一般的な英会話では使わない特別な単語を学ぶ必要があります。

　たとえば、請求書ひとつとっても、「bill」（勘定書）、「invoice」（送り状／納品書）、「debit note」（借方票）など、状況によって相応しい用語を使い分けなくてはいけません。しかし、ビジネスに必要な単語をすべて集めたとしても、みなさんが学生時代に覚えた単語の10分の

1にも満たないはずです。

　また、海外とのやりとりはメールが中心であることも、ビジネス英語を学ぶうえでは有利に働きます。電話はリアルタイムで応答しなければいけないので、準備も不十分になりがちで、終わった後も復習が困難です。

　一方、メールなら、わからない単語や表現があれば落ち着いて調べることができ、後から見直すことも可能です。もちろんリスニングやスピーキングは重要ですが、ビジネス英語を習得する初期段階では、業務をこなしながら学習できるメールの特性が大いに役立つはずです。

**　いずれにしても、ビジネス英語と聞いて身構える必要はありません。**

　私が再生を引き受けた海外企業との合弁会社では、当初、日本側の社員の多くが英語音痴でした。しかし、半年も経つと、向上心のある一部の幹部たちは、海外の本社と普通に英語でやりとりをするようになっていました。

　幹部の多くは40代で、どちらかといえば頭の柔軟性が失われていく世代でした。それでも半年でビジネス英語を使いこなせるようになったのですから、まだあなたが30代なら、もっと簡単にビジネス英語に馴染めるはず。

　自分には無理だと諦めることなく、ぜひ積極的に学んでみてください。

第7章
リーダー自身のためのキャリアアップの原則

就職したら、あとは会社が敷いたレールの上を歩くだけ。

そんな人生は送りたくないと思い、さまざまな会社でキャリアを積む道を私が選んだのは、いまから50年前の話です。

当時、転職を繰り返してキャリアアップする人は圧倒的に少数派でした。

しかし、いまや転職は珍しくなく、同じ組織で働くにしても、自分なりのキャリアデザインを描いて主体的に働く人が増えてきました。

ただ、現実の壁に阻まれて、思い描いた通りの道を歩めなかったり、軌道修正を迫られる人が多いことも事実です。

自分のキャリアデザインは本当に正しいのか、またそれを実現するためにはどうすればいいのか。改めて考えみましょう。

66
給料が1円でも下がる転職は絶対するな！

　転職には自分をより成長させる「キャリアアップ」と、ただ仕事や職場を替えるだけの「ジョブホッピング」の２種類があります。

　キャリアアップは前職の経験を活かしながら、さらにスキルや人脈、経験を突き詰めるために新たなステージに挑戦することを指します。

　たとえば、「部下３人のチームリーダーとしての課長代理が、さらにマネジメント力を高めるために、同業他社の部下10人の課長職に転職する」というのは立派なキャリアアップです。

　一方、仕事の内容や職場の人間関係、待遇に不満があり、ひとまず環境を変えるために行う転職がジョブホッピング。現実逃避の意味合いが強く、職種や業界にこだわらず安易に転職を繰り返すのが特徴です。

　厄介なのは、本当はジョブホッピングにすぎない転職も、自分を正当化すればキャリアアップに思えることです。

　本当は会社から評価されないことに嫌気がさして転職

したのに、それを認めたくなくて、「どうしても別の業界で自分を試したかった」と自分を納得させてしまう。

このような安易な道を選ばないように、私が自分自身に課していたことは、**「給料が１円でも安くなるような転職は絶対にしない」**というルールでした。

ビジネスパーソンにとって、給料は自分の市場価値を最も端的に示す数字です。それを下げるような転職は、表向きにどんな見栄えのいい理由があっても、逃げの転職をごまかしているだけだと考えるようにしたのです。

もちろん給料は下がっても、裁量が増えてキャリアアップになる転職もあります。たとえば、大手企業で歯車として働くより、給料が下がっても、ベンチャー企業のマネージャーとして自分の裁量で仕事をするという選択も、キャリアアップの１つです。

いずれにしても大切なのは、自分なりの明確な基準を持つことです。

「この転職では給料優先」「次の転職は裁量優先」などと転職の基準となる考え方をころころと変えていたら、いくらでも自分をごまかすことが可能です。

この転職はキャリアアップなのか、それともジョブホッピングなのか。転職するときは、もう一度、自分の基準に照らし合わせて考えてみましょう。

67
給料に不満があるときは、120%の貢献をして、100%のお金を得る

　会社に求められる仕事はきちんとこなしているが、そのわりに給料が少ない――。

　そんな不満を持っている現場のリーダーたちも多いようですが、自分が置かれた状況を、「自分は100%の働きをしているのに、給料は80%しかもらえていない」と受けとめるか、「給料はきちんと100%もらっているが、今回は120%の働きができた」と考えるかによって、その後の給料に違いが出ると思うのです。

　どちらも貢献度と給料のギャップは、計算上は20で同じです。しかし、その意味合いは大きく違います。

　前者にとって20%は不足分にすぎません。それが積み重なると、会社に対して不信感が芽生えて、モチベーションが下がっていきます。

　モチベーションの低下は仕事の質も低下させ、いずれは本当に80%の仕事しかできない社員になってしまいます。

　一方、**後者にとっての20%は、不足分というより、給**

料以上に貢献できたという余剰分。いわば、それは会社に対する貯金のようなもので、いずれは利息がついて返ってくると気楽に考えられます。

　実際、会社が抜擢するのも、給料以上の働きをしたことをプラスに捉える後者のほう。預けていた貯金は、あとで昇進という形で返ってくる可能性が大です。

　そもそも会社が求める仕事を100％こなしても、100以上に給料は上がりません。次のステージへのチャンスがもらえるのは、会社の期待を超えて120％の結果を出し続けている人。

　それを忘れて目の前の給料について不満を並べるのは、かえって昇給を遅らせる行為だと自覚すべきです。

68
配置転換や左遷は、再チャレンジへの権利と考えるべき

「仕事で会社に大きな損失を与えて、配置転換を言い渡されました。役職は同じですが、実質的には左遷。この会社ではもう見込みはないので、転職を考えています」

入社9年目のベンチャー企業の社員から、このような相談を受けました。彼は社長から期待されていないと思い込んでいましたが、それは大きな勘違い。むしろその左遷には、再チャレンジへの期待が込められていたのです。

社長から真意を聞いていた私は、その異動の意図をさりげなく彼に伝えましたが、すっかり自信をなくしていたのか、数カ月後に転職してしまいました。

彼が配置転換の意味を正しく理解していれば、おそらくこうした事態にはならなかったはずです。

組織の配置転換には2種類のケースがあります。

1つは適材適所で組織を活性化させるための配置転換。もう1つは、再チャレンジの権利を与えるための左遷的に見える配置転換です。

ほとんどの配置転換は、前者の目的、つまり適材適所

によって組織のパフォーマンスを高めるために行われます。私も適材適所を目的に、ある営業のチームリーダーを物流部門に異動させたことがありました。その社員の、営業力より管理能力を高く評価した結果の決断です。

この配置転換について、社内では「格下げだ」という評判が立ち、最初は本人もがっかりしていたようです。しかし、こちらの意図をきちんと説明すると、すぐに納得。見事に期待に応えて、半年後には物流のロスを大幅に減らすことに成功。しばらく後に物流のマネージャーに昇格を果たしました。

もっとも、左遷の意味合いが強い配置転換でも肩を落とす必要はありません。本当に社員に辞めてもらいたければ、会社はさまざまな手段を講じることができます。

問題行動のある社員なら解雇や懲罰が可能ですし、会社のお荷物になる社員に対しては、明らかな降格人事や個別の退職勧奨もあり得ます。

かつては年功序列の建前が崩れることを恐れて、左遷的な配置転換で退職に追い込む会社も数多くありました。しかし、成果主義が浸透してきた現在、左遷でデキない社員の退職を促す必要性はなくなりました。

いまや左遷は、1回休みのペナルティ程度の意味しかないのです。

69
スキルの習得は広くより深く！まずは専門分野にこだわってみる

　専門分野を突き詰めるスペシャリストを目指すのか。

　それともさまざまな分野を経験してゼネラリストになるべきか。

　これは自分でキャリアデザインをする場合に必ず突き当たる問題ですが、**若手リーダーには、まずスペシャリストを目指すことをおすすめします。**

　専門分野のスキルや知識を深めることも、さまざまな分野のスキルや知識を身につけることも、仕事人にとってはどちらも重要です。ただ、自分の価値や存在感を高めるのは、スキルや知識の広さではなく深さのほう。まずは深さを最優先にしながら、できる範囲で幅を広げていくことが賢い選択です。なぜ広さより深さなのか。

　それは、浅いスキルや知識でこなせる仕事は、いくらでも代わりの人がいるからです。

　極端な例ですが、営業３年、経理３年、情報システム３年を経験した人がいたとします。その人が各分野でできる仕事は、おそらく派遣社員でもこなせるレベル。仮

にその人がいなくなっても、会社はそれほど困りません。

　一方、営業を10年続けてエースに成長した人が突然いなくなると、その穴を埋めるのは大変です。もちろん人材市場には同じレベルの人もいるはずですが、キャリア4年足らずの人と比べて見つけるのが困難であることは間違いありません。

　特定分野だけを歩んでいたら、視野が狭くなってしまうのではないか、という人もいるでしょう。しかし、専門分野でステップアップしていけば、いずれはゼネラリスト的な働きを要求されて、否が応でも他分野のスキルや知識が身についてきます。

　ちなみに私はマーケティングを中心にステップアップを重ね、その実績を買われてプロダクト・マネジメントを任され、やがて経営にもタッチするようになりました。

　経営に必要な財務などの知識は後から身につけましたが、それでも十分過ぎるほどに間に合っています。

　広さを追求してもスキルや知識は簡単に深まりませんが、深さを追求していく過程で同時にスキルや知識の幅は広がっていきます。そう考えると、とくに入社10年から12年くらいの中堅までの時期は、あれこれと首を突っ込んで器用貧乏になるより、専門性にこだわったキャリア選択をすべきでしょう。

70
営業の経験がある人は伸びる！
お客様の現場を、
肌感覚で経験しよう

中途採用で私が注目するのは、その人の営業経験の有無です。

専門性が重要であることはすでに説明しましたが、同じレベルの専門性があるなら、営業経験のある人のほうが伸びる。これは私の経験上、かなりの確率で当たります。営業の経験が、どうして役に立つのか。それはお客様と直接的な接点を持つことで、お客様の論理、感性で物事を考えられるようになるからです。

お客様の目線が大切なことは、誰もが理解しています。**しかし、お客様の目線を頭で想像するのと、実際にお客様と接して肌感覚として体感するのとでは、天と地ほどの開きがあります。**

同じスキルを持っているなら、それを有効に使えるのは後者のほう。だから営業経験の有無を重視するのです。**キャリアは専門性を突き詰めることが原則ですが、寄り道をするなら、営業の現場を最優先に考えるべき。**

営業で成果をあげることができなくても、その経験はきっと後々、大きく役に立つことでしょう。

第7章　リーダー自身のためのキャリアアップの原則

71
1年で結果を判断するな！
自分の本当の適性は
3年後にわかる

　営業の課長から、突然、人事の課長へ──。そんな異動や転職で環境が変わったが、思うような成果を出せずに、「この仕事や職場は、やはり自分に向いていないのではないか」と考えてしまう人は多いかもしれません。

　しかし、1年程度の結果で判断するのは早すぎる。自分の適性を見極めるには、少なくとも3年間は必死の努力を続けるべきです。

　ビジネス環境というものは約3年で一巡します。その3年の間には必ず好機が訪れるし、逆に危機も迎えます。

　これは商品にもいえることで、たとえば私がかかわってきた数々の製品。発売から3年経ってもそこそこしか売れていない商品は、その後も売れずに廃盤になる可能性が高い。

　反対に3年後にもまずまず売れている商品はロングセラーになる確率が高かったのです。

　人材もこれと同じで、3年経っても結果が出ない人は適性なし。3年後に成果を出せている人は適性ありです。

　つまり、それまでの成果は途中経過。1年目に成果が

173

出なくても落ち込む必要はないし、逆に1年目にうまく
いっても、本当に適性があるかどうかはわかりません。

　私の経験と、いままで私についた部下のケースから判
断してのことですが、適性が明確になるのは、あくまで
も3年後です。

　最近はビジネスのスピードが速くなり、1年目から結
果を求められている人が少なくありません。私も外資系
の企業を中心にキャリアを積んできたので、「結果を出
せなければ、1年でクビ!」という状況を何度も経験し
てきました。

　ただ、短期間で結果を出すことと適性の有無は、別の
次元の話です。1年で成果をあげられなかったからとい
って、自ら幕引きをする必要はまったくありません。

　**状況が許すなら、3年間は粘り強く頑張ってみる。自
分の適性を見極めるのは、それからでも遅くないはずで
す。**

　逆に、3年間我慢できない人は適性よりもやる気、前
向きさ、ひたむきさなどの面でマイナス点をつけられて
しまう危険性もありますから要注意です。

第7章　リーダー自身のためのキャリアアップの原則

72
歯車になるな！
モーターになれ！

　この言葉は、私がまだ20代で、ある大手外資系の販売企画部にいたときに、取引先の大先輩から教えられた心に残るひと言です。

　いまでも、何かあると自分に言い聞かせています。

　リーダーとして働くということは、お給料をもらい生活するという当たり前のこと以外に、部下を引っ張り、成長を促し、組織として成果をあげていくという重責があります。

　その責任を果たすためには、まずあなた自身が、自分の望むこと、達成したいこと、いくつかの夢を実現し、心から満足できる人生を歩むことが大切です。

　人にはそれぞれ目標があります。

　その目標に向かって、組織の歯車としてではなく、自らが力強いモーターになって回り、自分を、部下を、会社を、そして世の中を動かしていってください。

2018年9月　長谷川　和廣

【著者紹介】

長谷川 和廣（はせがわ・かずひろ）

◉──1939年千葉県生まれ。中央大学経済学部を卒業後、グローバル企業である十條キンバリー、ゼネラルフーズ、ジョンソンなどで、マーケティング、プロダクトマネジメントを担当。その後、ケロッグジャパン、バイエルジャパンなどで要職を歴任。ケロッグ時代には「玄米フレーク」、ジョンソン時代には消臭剤「シャット」などのヒット商品を送り出す。

◉──2000年、株式会社ニコン・エシロールの代表取締役に就任。50億円もの赤字を抱えていた同社を1年目で営業利益を黒字化。2年目に経常利益の黒字化と配当を実現、3年目で無借金経営に導く。これまでに2000社を超える企業の再生事業に参画し、赤字会社の大半を立て直す。現在は会社力研究所代表として、会社再建などを中心に国内外企業の経営相談やセミナーなどを精力的にこなしている。

◉──27歳のときから、有益な仕事術、人の動き、組織運営、生き残り術、部下やクライアントからの相談事とそれに対するアドバイスなどのエッセンスを「おやっとノート」として書き留め始める。この習慣は現在も続いており、その数は290冊に達する。これをもとにして出版された『社長のノート』シリーズ（小社刊）は累計35万部を超えるベストセラーとなった。その他、著書多数。

社長のノート
利益を出すリーダーが必ずやっていること　　　　〈検印廃止〉

2018年10月 9 日　　第 1 刷発行
2018年10月29日　　第 2 刷発行

著　者──長谷川　和廣
発行者──齊藤　龍男
発行所──株式会社かんき出版
　　　　　東京都千代田区麹町4-1-4 西脇ビル　〒102-0083
　　　　　電話　営業部：03(3262)8011㈹　編集部：03(3262)8012㈹
　　　　　FAX　03(3234)4421　　　　　振替　00100-2-62304
　　　　　http://www.kanki-pub.co.jp/

印刷所──大日本印刷株式会社

乱丁・落丁本はお取り替えいたします。購入した書店名を明記して、小社へお送りください。ただし、古書店で購入された場合は、お取り替えできません。
本書の一部・もしくは全部の無断転載・複製複写、デジタルデータ化、放送、データ配信などをすることは、法律で認められた場合を除いて、著作権の侵害となります。
©Kazuhiro Hasegawa 2018 Printed in JAPAN　ISBN978-4-7612-7370-5 C0034